Iniziazione alla Numerologia Caldea

Svela il potere Segreto dei Numeri

con Le Tavole e I Calcoli
per la Tua Guida interiore

TEMPLUM DIANAE

- MEDIA -

Opera curata da: "Templum Dianae Media".
Illustrazioni e copertina a cura di: "Templum Dianae Media"
Impaginazione e formattazione a cura di: "Templum Dianae Media"
Retro pagina e introduzione curata da: "Templum Dianae Media"

---

www.templumdianae.com

contenuti inclusi

Congratulazioni per aver ottenuto questo libro!
Se vuoi attrarre e manifestare più Amore e Abbondanza e scoprire di più sulla spiritualità, unisciti alla comunità di Templum Dianae eottieni 1 MP3 di meditazione guidata per risvegliare il tuo sé interiore.

Questa meditazione guidata è pensata per manifestare il tui desideri nella vita quotidiana!

Seguire questo link
templumdianae.com/bookmp3/

SE NON CONOSCI TEMPLUM DIANAE

Ti senti persa, disconnessa dalla tua essenza più profonda?

Hai provato di tutto: meditazione, yoga, letture spirituali. Eppure, quel vuoto interiore persiste. Le relazioni non decollano, il denaro sembra sfuggirti, e la serenità è un miraggio lontano.

È ora di smettere di girare intorno al problema e affrontarlo di petto.

Benvenuta in *Templum Dianae*, il luogo dove le donne si risvegliano al loro potere autentico. Nato in Italia nel 2013, il nostro blog è stato scritto **dalle streghe per le streghe**. Non ci nascondiamo dietro parole dolci o promesse vane. Siamo qui per scuoterti, provocarti, spingerti oltre i tuoi limiti.

Perché accontentarsi di una vita mediocre quando puoi avere tutto ciò che desideri?

Ogni mese, oltre **247.000 persone** entrano in contatto con i nostri materiali attraverso tutti i nostri canali. *Templum Dianae Media* è il cuore pulsante di questo movimento, un progetto editoriale che pubblica centinaia di libri ogni anno in oltre **6 lingue**. Dai nuovi testi rivoluzionari alle ripubblicazioni di antichi grimori, offriamo strumenti potenti per trasformare la tua realtà.

Non è solo teoria. È pratica, azione, trasformazione.

Ecco cosa dicono alcune donne che hanno cambiato la loro vita grazie a noi:

"Grazie a Templum Dianae, ho attirato l'amore autentico nella mia vita. Le relazioni tossiche sono un ricordo del passato." - **Sara M.**

"Le tecniche di manifestazione economica funzionano davvero. Ho visto il mio conto in banca crescere come mai prima d'ora." - **Luisa D.**

"Ho ritrovato me stessa. La connessione con il mio potere interiore è diventata indistruttibile." - **Elena F.**

Sei pronta a smettere di sopravvivere e iniziare a vivere davvero?

Questo libro non è per le deboli di cuore. È per chi è pronta a guardarsi allo specchio senza filtri, ad abbracciare la propria ombra e a trasformarla in luce.

Non perdere altro tempo. Ogni pagina che leggerai sarà un passo verso la donna potente che sei destinata a essere.

Il viaggio inizia ora. Sei dei nostri?

ÌNDEX

Contents

INIZIAZIONE ALLA NUMEROLOGIA

Benvenuta, Cercatrice.

Hai già avvertito quel fremito sottile che si insinua tra i pensieri? È il richiamo dell'ignoto, del mistero che aleggia sopra ogni cifra, ogni simbolo che la tua anima ha da sempre desiderato decifrare.

Come procede il Tuo Cammino?

Forse lo senti irto di ostacoli, o forse un po' smarrito, alla ricerca di una direzione. È normale, soprattutto quando ti avvicini a conoscenze antiche come la Numerologia Caldea, che per secoli ha celato i suoi segreti a chi non era pronto.

Nei mesi che hanno preceduto questo momento, ho scritto innumerevoli parole, riempito pagine e pagine di saggezza dimenticata, cercando di far emergere la profondità di questa arte sacra. Eppure, molti hanno confessato di sentirsi sopraffatti, persi tra i numeri, incapaci di cogliere il vero messaggio che si nasconde dietro la matematica dell'anima. E qui, il fallimento è spesso attribuito all'allievo, come se fosse colpa sua non comprendere.

Ma ascoltami bene. Tu non sei sbagliata. Non sei mai stata sbagliata.

Il problema è che troppe persone, spacciandosi per guide spirituali, in realtà non fanno altro che alimentare la confusione. Hanno costruito un intero mercato attorno al tuo bisogno di risposte, e ti vendono false promesse. Si nascondono dietro parole come "circolo", "bosco", fingendo di accoglierti, ma spesso ciò che ottieni sono catene invisibili, pronte a stringerti l'anima e a distorcere la tua purezza per fini che non ti appartengono. Questo non è il mio cammino, e non sarà il tuo.

Io sono qui per guidarti davvero, con umiltà e rispetto per la tua ricerca. Per questo ho scelto di rivedere ogni concetto, di distillare le conoscenze antiche della numerologia caldea e offrirtele in modo chiaro, accessibile, senza mai sminuire la sua profondità. Perché tu meriti di comprendere. Meriti di vedere il disegno nascosto tra le pieghe del tuo destino.

Questo è solo l'inizio, un primo passo in un viaggio che ti condurrà a riscrivere i paradigmi che ti hanno accompagnata finora. Imparerai a riconoscere i segni, i numeri che parlano alla tua anima, e scoprirai come applicare questa saggezza alla tua vita, al tuo cuore, al tuo cammino.

Sei pronta a scoprire cosa dicono i numeri di te?

La numerologia caldea

Nonostante oggi si parli di numerologia in tante forme, esiste un sistema che, nel silenzio dei secoli, si è distinto per la sua precisione quasi inquietante: la **Numerologia Caldea**. Un sistema antico, misterioso, che mi ha dato prova della sua potenza e verità ogni volta che ho avuto il coraggio di ascoltarlo.

I Caldei, saggi osservatori dell'energia, furono i primi a comprendere un principio profondo: **tutto è vibrazione**. Ogni suono, ogni numero, ogni lettera porta con sé un'energia che si muove attraverso te e il mondo, influenzando il tuo cammino, le tue scelte, i tuoi sentimenti più intimi. Hanno collegato i suoni alle vibrazioni, le vibrazioni ai numeri, e i numeri alle lettere, creando un linguaggio segreto che tu ora stai per imparare a decifrare.

Diversamente da altri sistemi, la Numerologia Caldea non si limita a guardare superficialmente il tuo nome o la tua data di nascita. **Scava più a fondo**. Ogni singola lettera del tuo nome nasconde una vibrazione, un significato che parla di te, della tua energia unica. E non si ferma qui. Il tuo percorso di vita, ciò che sei venuta qui a fare, essere o imparare, si svela attraverso le vibrazioni dei numeri che ti accompagnano fin dal primo respiro.

Questo sistema, pur essendo stato dimenticato per lungo tempo, non è così difficile come dicono. Sì, la sua antica complessità potrebbe sembrare intimidatoria, ma una volta che avrai svelato i suoi segreti, diventerà un alleato prezioso, un faro nel buio dei tuoi dubbi e delle tue incertezze.

Ti darà una mappa non solo di te stessa, ma anche delle persone che incroci sul tuo cammino.

Immagina di avere un progetto personale che ti guida in ogni decisione. Un modo per comprendere perché certe relazioni entrano nella tua vita e altre ne escono, perché alcune strade ti sembrano impervie mentre altre ti attraggono come calamite.

La Numerologia Caldea non solo ti offre questa comprensione, ma ti permette di vedere oltre il visibile, di percepire le energie che ti circondano e di usarle per illuminare il tuo percorso sentimentale e spirituale.

Gli antichi Caldei

Oltre duemila anni fa, in un luogo baciato dai fiumi Tigri ed Eufrate, si trovava una terra avvolta nel mistero: l'antica Caldea. Questo popolo, di cui ancora oggi poco si sa sulle vere origini, occupava la parte meridionale della Babilonia, una culla di saggezza e potere. I Caldei salirono al trono di Babilonia e per più di settantacinque anni, sotto re come Nabucodonosor, plasmarono il destino di una delle civiltà più affascinanti della storia.

Ma non furono solo conquistatori. Furono visionari.

In un mondo già ricco di agricoltura e manifattura, **i Caldei portarono qualcosa di più**: una conoscenza profonda, una comprensione dell'universo che trascendeva il visibile. Introducendo l'astrologia, la matematica sacra e rituali spirituali avanzati, gettarono le basi per una società che venerava le stelle e i misteri nascosti nel loro bagliore. Il culto della luna, la magia, la divinazione… erano strumenti che usavano per decifrare le energie sottili che permeavano la realtà.

Non è un caso che Babilonia venga spesso ricordata come la "culla della civiltà". Eppure, ciò che rende ancor più intrigante questo popolo è il fatto che **poche tracce scritte** sono rimaste di loro. La maggior parte di ciò che sappiamo sui Caldei non viene da loro stessi, ma dalle civiltà che li hanno seguiti.

Ed è proprio questo alone di mistero che rende la loro eredità spirituale ancora più affascinante.

Tra tutte le loro conoscenze, una è sopravvissuta intatta, attraversando i millenni: la **Numerologia Caldea**.

Un sistema antico, che misura le energie in modo così accurato da sembrare quasi magico. Questo metodo non si limita a tracciare linee e numeri; è un codice segreto che ti invita a guardare oltre il visibile, a scoprire le vibrazioni che governano la tua vita. Ogni numero, ogni lettera porta con sé un significato profondo, una risonanza che ti parla nel linguaggio silenzioso dell'universo.

Prova ad ascoltarlo.

Sperimenta su te stessa la potenza di questo sistema e lascia che ti stupisca.

Le sue radici affondano nella saggezza più antica, ma i suoi frutti possono illuminare la tua vita oggi, offrendoti una guida per comprendere chi sei davvero, cosa desideri, e come puoi migliorare la tua situazione sentimentale e spirituale.

La storia della numerologia

Quando ti avvicini alla numerologia, è facile perdersi nei dettagli storici, cercando di comprendere quali civiltà abbiano contribuito allo sviluppo di questo campo misterioso. Ma, se permetti, lascia che ti guidi verso una visione più profonda, che va oltre il tempo e lo spazio.

La numerologia non è solo un sistema creato dall'uomo. No, è qualcosa di più. **È un codice universale**, una struttura invisibile che regola tutto ciò che esiste, dal movimento delle stelle alle emozioni più intime che senti nel cuore. La matematica, nella sua forma più pura, non è un'invenzione, ma una scoperta. È come se i numeri esistessero da sempre, nascosti nell'ombra, pronti a svelare i loro segreti a chiunque sappia ascoltarli.

Gli antichi lo capivano. Non solo gli Egizi o i popoli della Mesopotamia, di cui oggi abbiamo tracce più o meno evidenti. Anche civiltà più remote, di cui conosciamo appena qualche frammento, intuivano che i numeri fossero una chiave per comprendere **le energie che governano il mondo e l'anima umana**.

Hai mai pensato che ci siano conoscenze che si sono perdute nel tempo?

Tecnologie spirituali, sistemi di saggezza avanzata che permettevano agli antichi di comunicare con le forze cosmiche in modi che oggi possiamo solo immaginare. Forse, in quelle epoche lontane, i numeri non erano solo strumenti per contare, ma erano veri e propri **canali di connessione con l'universo**, in grado di rivelare le verità più nascoste.

La Numerologia Caldea è uno di questi sistemi, uno dei pochi che è riuscito a sopravvivere al passare dei millenni. Ma anche questo antico sapere non è solo un'eredità di una singola cultura. **È una finestra su qualcosa di molto più grande**. Un frammento di una verità universale che risuona attraverso le epoche, portandoti un messaggio di potere e trasformazione.

Quando guardi ai numeri che ti circondano, non pensare solo a una civiltà o a una cultura. **Pensa all'universo intero**. A quelle forze invisibili che intrecciano i tuoi desideri, le tue emozioni, e il tuo destino. Ogni numero, ogni vibrazione ha un ruolo, un significato, e ogni volta che ti sintonizzi su di essi, scopri un nuovo pezzo del puzzle della tua vita.

Apri il cuore e la mente a questa possibilità: che i numeri non siano semplici simboli, ma **portali verso la conoscenza di te stessa e del tuo cammino**.

Non limitarti a ciò che è scritto nei testi antichi. Immagina che ci sia molto di più da scoprire, un sapere dimenticato che sta aspettando proprio te per essere riportato alla luce.

gli Antichi e la Scoperta della Numerologia

Il tuo viaggio nella numerologia inizia da un luogo profondo e antico, dove la natura stessa sussurra segreti che attendono solo di essere scoperti. La storia di questa conoscenza non è semplicemente un insieme di cifre, ma una **rivelazione delle forze spirituali** che permeano ogni angolo del mondo. Gli antichi, con la loro connessione intima e rispettosa verso la terra, furono i primi a intuire che ciò che è visibile racchiude qualcosa di molto più grande.

Attraverso l'osservazione quotidiana del mondo naturale, iniziarono a notare che alcuni elementi—come i cristalli, le erbe, persino le rocce—non erano solo oggetti fisici, ma portatori di **energie sottili e poteri spirituali**. Ogni cosa in natura possedeva un significato nascosto, un ordine segreto che gli antichi riconobbero e onorarono. **Fu questa intuizione a guidarli** verso una comprensione più profonda delle leggi che governano l'universo, sia quelle visibili che invisibili.

Ogni cristallo che toccavano, ogni erba che raccoglievano, non era solo una risorsa materiale, ma uno **specchio delle forze spirituali** che permeano la realtà. Le vibrazioni di questi elementi naturali erano legate a particolari proprietà spirituali, creando una mappa invisibile dell'energia che attraversava il mondo. Questa consapevolezza, così sottile ma potente, fu il primo passo verso la creazione di un sistema di conoscenza che abbracciasse sia il visibile che l'invisibile.

Ma il vero salto avvenne quando gli antichi sollevarono gli occhi verso i cieli.

Le stelle, la luna, il sole—non erano semplici corpi celesti. **Erano manifestazioni delle forze divine**, portatori di messaggi e influenze che modellavano ogni aspetto della vita sulla Terra. Gli antichi sapevano che comprendere i cicli dei cieli significava anche comprendere il proprio destino. Ogni movimento degli astri rifletteva un ordine cosmico, una danza sacra che influenzava le maree, i raccolti e perfino il battito del cuore umano.

Da queste osservazioni sorse la necessità di creare un sistema che potesse codificare questa connessione tra il cielo e la terra. E così nacquero le leggi della numerologia. **I numeri** non erano solo simboli o strumenti per il conteggio, ma espressioni dei principi divini. Attraverso di essi, era possibile mappare e interpretare le forze cosmiche e spirituali che governano la realtà. **Ogni numero era un ponte** tra ciò che è terreno e ciò che è celeste, tra il materiale e lo spirituale.

In questo contesto, il mito greco di Urano assume un nuovo significato. Urano, il dio del cielo, non era solo un signore dei fenomeni celesti, ma anche il padre di tutte le scienze occulte, comprese l'astrologia e la numerologia. Il suo scontro con Crono, il dio del tempo, non rappresenta solo un conflitto, ma la **creazione di nuove conoscenze** e forze cosmiche che influenzano il mondo umano. Urano, con la sua saggezza celeste, simboleggia l'origine della saggezza astrologica e numerologica, rendendo il suo studio essenziale per chi, come te, vuole comprendere le leggi nascoste che regolano il proprio destino.

La numerologia, quindi, non è solo uno studio dei numeri, ma un viaggio profondo **nelle forze che muovono il mondo e l'anima**. Un viaggio che ti porterà a scoprire il tuo ruolo in questo vasto e misterioso universo, e a comprendere come le energie invisibili influenzano la tua vita, le tue relazioni e il tuo cammino.

la Caduta di Atlantide e la Dispersione delle Antiche Scienze

La leggenda di Atlantide non parla solo di una catastrofe fisica. È il racconto di una perdita profonda, una ferita aperta nel cuore della conoscenza umana. Atlantide, secondo il mito, non era solo una civiltà straordinaria per le sue tecnologie, ma **un faro di saggezza spirituale**, un luogo dove la comprensione delle leggi cosmiche e divine superava di gran lunga quella delle altre civiltà. La loro caduta non segnò soltanto la distruzione di un'isola, ma la dispersione di un sapere accumulato nel corso di millenni, un sapere che toccava le corde più profonde della realtà.

Quando Atlantide sprofondò negli abissi, le sue conoscenze non andarono perse del tutto. Gli antichi atlantidei, spinti dalla necessità di sopravvivere, fuggirono verso terre lontane, portando con sé frammenti di ciò che avevano scoperto. **Pratiche avanzate di numerologia, astrologia e conoscenze esoteriche** viaggiarono con loro, attraversando continenti e culture, lasciando tracce sottili ma significative nel cuore delle civiltà sopravvissute.

Ma il tempo, come una lenta marea, erode tutto ciò che tocca. E così, quelle scienze sacre, custodite con devozione, iniziarono a frammentarsi.

Molte di queste pratiche furono ridotte a superstizioni, persero il loro significato originale, mentre i simboli e i numeri sacri venivano fraintesi o banalizzati. Ciò che una volta era una profonda connessione con l'universo divenne una serie di rituali vuoti, una memoria distorta di un'antica scienza ormai dimenticata.

Nonostante questo, i frammenti di Atlantide non scomparvero del tutto. Oggi, c'è un risveglio. **Studiosi, esoteristi e spiritualisti** stanno cercando di ricostruire ciò che è stato perduto, scavando nei miti, nei testi antichi, nei simboli che ancora riecheggiano nel nostro subconscio collettivo. C'è un desiderio crescente di riconnettersi con quella saggezza antica, di riportare alla luce quelle verità dimenticate che, in qualche modo, possono ancora illuminare il presente.

Atlantide non rappresenta solo un passato tragico, ma una **possibilità sfiorata**, una società che viveva in armonia con le leggi cosmiche e spirituali, che comprendeva l'intreccio sottile tra l'anima e l'universo.

Riscoprire le loro scienze perdute, integrare quella conoscenza nel nostro mondo, potrebbe **riconnetterci con un equilibrio perduto**, una visione del mondo in cui il materiale e lo spirituale camminano insieme, allineati con le forze naturali che ci governano.

I numeri come chiavi del tempo

Gli antichi non vedevano il tempo come un semplice susseguirsi di ore o giorni. Per loro, il tempo era qualcosa di più vasto, un tessuto intrecciato con lo spazio, l'energia e la spiritualità. **Attraverso la numerologia**, credevano di aver scoperto una chiave per interagire con queste dimensioni, utilizzando i numeri non solo per comprendere la realtà, ma per modellarla. Con schemi complessi e calcoli accurati, cercavano di influenzare gli eventi, dirigere le energie cosmiche, e perfino alterare la percezione del tempo stesso.

Queste conoscenze, per quanto misteriose e antiche, non sono state completamente perdute. Secondo molte tradizioni esoteriche, gli antichi maestri della numerologia, inclusi quelli della leggendaria Atlantide, continuano a comunicare attraverso i secoli, inviando messaggi sotto forma di **sequenze numeriche ricorrenti**. Sono segnali, indicazioni di un sapere che non si è mai del tutto spento. Molti praticanti del misticismo contemporaneo affermano di percepire queste sequenze come veri e propri codici che guidano il loro cammino spirituale, suggerendo direzioni, risposte e soluzioni.

L'eredità degli Atlantidei, così come di altre civiltà scomparse, non è mai stata del tutto dimenticata. Al contrario, oggi stiamo riscoprendo e integrando quelle conoscenze che un tempo sembravano irraggiungibili. Man mano che la nostra comprensione delle scienze esoteriche si evolve, ci stiamo riavvicinando a quel punto in cui la numerologia era una scienza sacra, capace di guidare il nostro sviluppo personale e spirituale.

Questa **riscoperta non è solo una ricerca archeologica del sapere perduto**; è un salto evolutivo nella nostra consapevolezza. Utilizzando le chiavi numerologiche, stiamo imparando a riconnetterci con le forze che ci circondano, a manipolare quei legami sottili tra tempo e spazio, e a influenzare le energie che guidano la nostra esistenza quotidiana. I numeri diventano non solo strumenti per comprendere la nostra realtà, ma **porte verso una nuova comprensione dell'universo**.

Ciò che gli antichi ci hanno lasciato non sono solo simboli enigmatici o tracce di un passato glorioso. Ci hanno donato un sistema sofisticato di conoscenza numerologica, un linguaggio con cui possiamo dialogare con l'universo. **Ogni numero che decodifichiamo**, ogni sequenza che comprendiamo, ci avvicina a quel sapere dimenticato, aprendo strade che ci portano a esplorare nuovi livelli di crescita personale e collettiva.

La numerologia, così come era intesa dagli antichi, non è solo una pratica di calcolo. **È una chiave per comprendere le dinamiche universali**, un ponte tra il visibile e l'invisibile, tra ciò che è terreno e ciò che è divino.

LE ORIGINI DEI NUMERI CALDEI

Nel capitolo precedente, hai avuto un primo sguardo sulla storia dei Caldei e sulle radici della numerologia. Ora, è il momento di immergerti più a fondo nelle origini della **Numerologia Caldea**, esplorando quelle associazioni che le danno vita e significato. È essenziale comprendere queste connessioni prima di iniziare a fare calcoli, perché senza una chiara comprensione delle energie sottostanti, la Numerologia Caldea può sembrare complessa, e molti finiscono per perdersi nei suoi intricati segreti.

I Caldei sapevano che ogni numero e ogni lettera erano molto più che semplici simboli. Erano manifestazioni di energie sottili, fili invisibili che collegano ogni aspetto dell'esistenza. I numeri non erano semplici strumenti di conteggio; erano il linguaggio stesso dell'universo, carico di vibrazioni spirituali. Ecco perché comprendere il significato profondo di queste associazioni è il primo passo per decodificare il loro potere.

La **Numerologia Caldea** non segue le regole della numerologia più moderna, che si limita a legare un numero a una lettera in base all'alfabeto. Questo sistema antico è diverso, più sfumato e misterioso. Ogni lettera e numero porta con sé una risonanza, una vibrazione unica che interagisce con le altre in modi complessi, spesso invisibili agli occhi non allenati. **Comprendere queste connessioni ti permette di allinearti con le forze cosmiche**, di vedere il disegno nascosto che governa le tue scelte, i tuoi incontri, e le tue relazioni.

Ma senza questa comprensione, il sistema Caldeo può sembrare impenetrabile. **Molte persone falliscono nella Numerologia Caldea proprio perché cercano di usarla come se fosse un semplice calcolo matematico**. Tentano di ridurre il tutto a numeri senza coglierne le vibrazioni profonde, le energie che questi numeri trasportano. Si trovano di fronte a un muro di simboli che non riescono a decifrare, perdendosi tra cifre e formule senza cogliere l'essenza spirituale che li anima.

La Numerologia Caldea è un'arte che richiede tempo, pazienza e un ascolto profondo. Ogni numero, ogni lettera porta con sé un frammento del tuo destino, ma per vedere chiaramente, devi prima prepararti a comprendere questi collegamenti nascosti. Solo allora i calcoli numerologici inizieranno a parlarti, rivelando le verità che sono sempre state lì, in attesa di essere scoperte.

Questa consapevolezza è il vero inizio del tuo cammino nella Numerologia Caldea

I numeri delle tavolette caldee

Le **tavolette caldee**, un'incredibile collezione di antichi reperti di argilla, sono una finestra preziosa sulla vita e le credenze di una civiltà che ha lasciato un segno indelebile nel corso della storia. Questi manufatti, più di semplici oggetti archeologici, ci raccontano di un popolo – i Caldei – che, nella fertile terra della Mesopotamia, intrecciava il proprio destino con quello delle stelle e delle energie cosmiche.

La loro scoperta risale al XIX secolo, quando gli archeologi iniziarono a scavare tra le rovine di antiche città come Babilonia e Ur. Queste tavolette, rimaste sepolte per millenni, **portano impresse le tracce di un sapere antico**, un sapere che i Caldei hanno saputo codificare con cura. Realizzate in argilla fresca e incise con la scrittura cuneiforme mentre il materiale era ancora morbido, venivano poi cotte al sole o in forni per renderle immortali nel tempo.

È come se quei simboli avessero voluto parlare oltre il confine dei secoli, conservando intatti i segreti di una civiltà che comunicava non solo con le sue parole, ma con l'universo intero.

La scrittura cuneiforme, tracciata con uno stilo su queste tavolette, era un linguaggio complesso, fatto di segni a forma di cuneo, che rivelava molto più di ciò che appare a prima vista. I testi incisi coprono una vasta gamma di argomenti, spaziando dai decreti legali e registri commerciali fino alla corrispondenza personale, ma sono le conoscenze matematiche e astronomiche che emergono da queste tavolette a rivelare l'aspetto più affascinante della cultura caldea.

I Caldei **erano maestri dell'astronomia e della matematica**, e queste tavolette documentano le loro osservazioni del cielo e i calcoli che li guidavano. Essi non osservavano semplicemente gli astri, ma li veneravano come chiavi per decifrare le leggi cosmiche.

È proprio da queste osservazioni che nacquero le prime forme di astrologia e la comprensione dei cicli lunari, elementi fondamentali non solo per il loro calendario, ma anche per le loro pratiche spirituali.

Dietro ogni segno inciso nell'argilla si cela una profonda connessione tra il terreno e il divino. **Queste tavolette** ci parlano di una civiltà che sapeva come intrecciare il tempo e lo spazio, un popolo che guardava alle stelle non solo per misurare il passare delle stagioni, ma per comprendere il proprio posto nell'universo.

I numeri planetari caldei

Le **tavolette caldee** custodiscono un sistema numerologico antico e complesso, intimamente intrecciato con l'astrologia, che riflette il profondo legame che i Caldei percepivano tra i **corpi celesti e i valori numerici**. Questo non era un semplice gioco di numeri, ma un sistema sacro che rivelava i segreti del destino e della natura umana attraverso i movimenti planetari. Ogni pianeta, ogni numero, era un frammento di un grande disegno cosmico, che influenzava non solo gli eventi quotidiani, ma la stessa essenza dell'anima.

I Caldei osservavano attentamente il cielo, registrando con precisione le traiettorie dei pianeti e le fasi lunari, e nelle loro tavolette di argilla hanno inciso un sapere che trascende il tempo. Ogni pianeta veniva associato a un numero, e questa connessione non era casuale: era il risultato di secoli di osservazioni spirituali e astronomiche. **I pianeti erano visti come entità divine** che influenzavano profondamente il carattere umano e il corso degli eventi. Queste influenze venivano misurate attraverso il linguaggio dei numeri, che i

Caldei utilizzavano per decifrare le energie cosmiche e le loro interazioni con la vita sulla Terra.

Nel sistema di **Numerologia Caldea**, ogni numero ha una vibrazione unica, e queste vibrazioni sono direttamente legate a particolari pianeti. Non si trattava di semplici associazioni numeriche, ma di un'armonizzazione profonda tra l'universo e l'individuo. I numeri erano strumenti per comprendere le forze invisibili che governavano il destino e il carattere di ogni persona. **Ogni numero risonava con un'energia planetaria**, che influenzava la personalità, i talenti e le sfide che una persona avrebbe affrontato nel corso della sua vita.

Queste associazioni non erano solo intellettuali, ma radicate in una percezione più sottile e profonda delle qualità spirituali dei numeri e dei pianeti. **I Caldei vedevano nei numeri una chiave per sintonizzarsi con l'ordine cosmico**, per comprendere i ritmi dell'universo e il proprio posto all'interno di esso.

Attraverso questo sistema numerologico-planetario, i Caldei credevano di poter non solo comprendere il proprio destino, ma anche influenzarlo, allineandosi alle forze cosmiche che governavano l'universo. **I numeri diventavano ponti tra il mondo fisico e quello spirituale**, rivelando i misteri della vita, della morte e delle relazioni umane. La loro capacità di associare i numeri alle energie planetarie, e di farlo con una precisione che ancora oggi stupisce gli studiosi, dimostra quanto fossero avanzate le loro conoscenze.

La numerologia caldea non era solo uno strumento per predire il futuro, ma un mezzo per comprendere il **flusso energetico che attraversa l'universo**. Questo sapere, che si è conservato nelle tavolette di argilla, continua a offrire intuizioni profonde sul legame tra i pianeti e i numeri, svelando come le forze celesti influenzino la vita umana in modi sottili ma potenti.

L'astrologia caldea

L'**astrologia caldea** è uno dei pilastri più antichi e influenti della saggezza astrologica, le cui radici affondano nella mistica terra di Babilonia. I Caldei, abitanti della Mesopotamia, osservavano il cielo come se fosse un libro aperto, leggendo i movimenti dei pianeti e delle stelle non solo per decifrare i misteri del cosmo, ma per **comprendere il piano divino** che governava ogni aspetto della vita, dalle sorti degli imperi al destino individuale.

A differenza dell'astrologia moderna, che si basa principalmente sulle stagioni e utilizza lo zodiaco tropicale, l'astrologia caldea era **profondamente connessa con le stelle**. Somigliava molto all'astrologia siderale, che ancora oggi viene usata per tracciare le posizioni effettive delle costellazioni. I Caldei dividevano il cielo in segmenti, ciascuno legato a una divinità specifica, con pianeti che agivano come intermediari delle loro volontà divine. Ogni pianeta aveva un nome e un ruolo sacro, influenzando la vita terrena con una precisione inquietante.

Ogni pianeta rappresentava un dio e portava con sé influenze uniche. **Giove** era associato a **Marduk**, il dio della giustizia e della regalità, simbolo di rettitudine e autorità. **Venere**, legata a **Ishtar**, rappresentava non solo l'amore e la fertilità, ma anche la guerra e la passione ardente che poteva trasformarsi in conflitto. **Saturno**, connesso a **Ninurta**, era il pianeta dell'agricoltura e della guerra, determinando tempi di grande prosperità o di estreme difficoltà. I Caldei non si limitavano a contemplare il cielo, ma annotavano minuziosamente eventi celesti come **eclissi**, congiunzioni planetarie e le levate eliache (quando un pianeta o una stella appare per la prima volta all'alba). Questi eventi erano visti come **presagi divini**, segni che potevano annunciare cambiamenti radicali, catastrofi naturali, o sconvolgimenti politici. Una semplice eclissi lunare, per esempio, poteva indicare l'instabilità di un regno o la salute vacillante di un re, e tali previsioni influenzavano decisioni cruciali a livello politico e sociale.

I **sacerdoti caldei** detenevano un potere straordinario, interpretando i cieli come un linguaggio segreto degli dèi. Non era raro che un re si affidasse agli astrologi per prendere decisioni strategiche, dalla pianificazione di una battaglia fino al momento ideale per avviare la semina. Questo **sacerdozio astrologico** non era solo simbolico: deteneva una reale influenza sulle sorti degli imperi, guidando le scelte dei sovrani con le loro letture delle stelle. Ci sono anche prove che i Caldei praticassero una forma primitiva di **astrologia natale**, calcolando le posizioni dei pianeti al momento della nascita di una persona per prevederne il carattere e il destino. Questa pratica dimostra una comprensione avanzata della relazione tra l'individuo e il cosmo, riconoscendo che ognuno di noi è parte di un più vasto **ordine cosmico**, influenzato dalle stesse forze che muovono gli astri.

L'**astrologia caldea** non era solo una scienza sacra, ma una guida pratica che governava la vita quotidiana e le strategie politiche. Le loro previsioni non servivano solo a scrutare il futuro, ma anche a **armonizzare le azioni umane con il ritmo divino dell'universo**. I governanti consultavano le stelle per pianificare guerre, promulgare leggi e persino decidere quando coltivare i campi, dimostrando quanto fossero profondamente radicate queste credenze.

Anche dopo la caduta di Babilonia, l'eredità dell'astrologia caldea non si è spenta. Il suo sapere è stato assorbito e trasformato dalle tradizioni astrologiche greche e indiane, lasciando un'impronta duratura che riecheggia ancora oggi in molte pratiche esoteriche. L'influenza di questo antico sistema continua a brillare, guidando le generazioni attraverso i secoli con la sua **sapienza cosmica**.

I pianeti secondo i Caldei

Per i Caldei, **ogni pianeta era molto più che un semplice corpo celeste**. Ogni astro rappresentava una divinità, un'entità sacra il cui potere e influsso si estendevano su tutta la vita umana, dal destino personale alle sorti di interi imperi. **I movimenti dei pianeti** non erano solo fenomeni astronomici, ma vere e proprie manifestazioni della volontà divina, segni che rivelavano i messaggi degli dèi e la direzione delle energie cosmiche.

Marduk e Giove

Marduk, la divinità suprema del pantheon caldeo e patrono di Babilonia, era strettamente legato a **Giove**, il più grande e luminoso dei pianeti visibili a occhio nudo. In qualità di **re degli dèi**, Marduk rappresentava l'ordine cosmico, la giustizia e la regalità. Il suo potere era percepito come fondamentale per mantenere l'equilibrio nel mondo, e la sua influenza si rifletteva nei movimenti maestosi di Giove nel cielo notturno.

Quando **Giove** appariva, i Caldei lo vedevano come un segno di stabilità e protezione. **L'apparizione di Giove** indicava l'intervento benevolo di Marduk, portando ordine nel caos cosmico e rassicurando i re sul loro regno. **I suoi movimenti venivano attentamente osservati**, poiché rappresentavano presagi per il benessere del sovrano e dello Stato, influenzando non solo la politica, ma anche la percezione del futuro della nazione.

Giove era dunque una manifestazione tangibile dell'autorità divina di Marduk, simbolo di potere e protezione che risuonava attraverso il cielo, ricordando a tutti che il destino dei re e degli imperi era scritto tra le stelle.

Ishtar e Venere

Ishtar, la potente dea dell'amore e della guerra, trovava il suo riflesso celeste in **Venere**, il pianeta conosciuto per la sua straordinaria luminosità e bellezza. Come Ishtar, Venere incarnava una natura duplice: da un lato rappresentava l'amore, la passione e la fertilità, dall'altro la ferocia e il potere distruttivo della guerra. Questo contrasto si rifletteva nel ciclo di **Venere** come **stella del mattino** e **stella della sera**, un passaggio che simbolizzava le trasformazioni nella vita umana, così come nella natura.

Ishtar era invocata per influenzare tanto i sentimenti più intimi quanto le battaglie più violente, e Venere, con i suoi cicli celesti, segnava i momenti di svolta in questi ambiti. **Il passaggio di Venere** da stella del mattino a quella della sera era un evento di grande importanza astrologica per i Caldei. Quando Venere sorgeva come **stella del mattino**, portava promesse di nuovi inizi, passioni che sbocciavano e vittorie imminenti. Come **stella della sera**, invece, simboleggiava la riflessione, la chiusura di cicli e il potere della trasformazione interiore.

Questo doppio aspetto di Ishtar-Venere rappresentava **la complessità della vita umana**, dove l'amore e la guerra si intrecciavano, e i cambiamenti, segnati dai cicli celesti, influenzavano le dinamiche delle relazioni personali e le sorti dei conflitti.

Ninurta e Saturno

Ninurta, il dio dell'agricoltura e della guerra, era associato a **Saturno**, il pianeta più cupo e distante, il cui lento cammino attraverso il cielo simboleggiava il potere inesorabile del tempo e del destino. Ninurta, noto sia per il suo ruolo di protettore delle coltivazioni che per la sua forza distruttrice in battaglia, incarnava un equilibrio tra creazione e distruzione, tra crescita e declino.

La lenta orbita di **Saturno** intorno al Sole rifletteva perfettamente questa natura. Come Ninurta, **Saturno** portava con sé un'energia ambivalente: poteva essere il messaggero di giustizia, portando equilibrio e abbondanza, ma anche di **distruzione deliberata**, quando era necessario abbattere ciò che non era più fertile o giusto. L'apparizione di Saturno nel cielo era un segnale che i Caldei osservavano con attenzione, poiché poteva preannunciare **tempi di grande difficoltà o di abbondanza**.

Nella sua dimensione agricola, Ninurta e Saturno influenzavano la **pianificazione dei raccolti**, indicando periodi di prosperità o carestia. In guerra, la presenza di Saturno segnava la necessità di prepararsi con pazienza e determinazione, sia per affrontare conflitti imminenti, sia per resistere alle difficoltà naturali, come disastri o eventi climatici avversi. **Saturno** era quindi un simbolo di **forza e resistenza**, ma anche di inevitabile cambiamento, una guida silenziosa per coloro che sapevano ascoltare i suoi lenti e potenti movimenti.

Nabu e Mercurio

Nabu, il dio della saggezza, della scrittura e della comunicazione, trovava il suo riflesso celeste in **Mercurio**, il pianeta noto per i suoi rapidi movimenti attraverso il cielo. La velocità con cui **Mercurio** appariva e scompariva dall'orizzonte rispecchiava perfettamente il ruolo di Nabu come **messaggero degli dei**, capace di trasmettere informazioni divine con agilità e precisione.

Nabu era il **custode della conoscenza**, colui che governava l'arte della scrittura, gli studi e la comunicazione, elementi fondamentali per la crescita e l'evoluzione della società caldea. La sua influenza si estendeva non solo al sapere sacro, ma anche a settori pratici come il **commercio** e la diplomazia, ambiti dove la rapidità di pensiero e la chiarezza di espressione erano vitali per il progresso e il benessere della comunità.

Mercurio era quindi il simbolo celeste di questa energia vivace e dinamica, capace di **trasmettere decreti divini** e favorire la circolazione della conoscenza. Ogni sua apparizione e sparizione dal cielo era un segnale di cambiamento e movimento: nuove idee, nuove opportunità di scambio e apprendimento, ma anche l'avvertimento di possibili svolte rapide o decisioni improvvise. L'influenza di **Nabu** e di Mercurio era cruciale per la gestione delle informazioni e delle risorse intellettuali, plasmando il destino non solo dei singoli individui, ma dell'intera società.

Nergal e Marte

Nergal, il dio della guerra, delle pestilenze e degli inferi, era strettamente legato a **Marte**, il pianeta rosso che brillava nel cielo con una luce ardente e inquietante. La colorazione sanguigna di **Marte** lo rendeva il simbolo perfetto per la natura distruttiva e feroce di **Nergal**, il portatore di caos e morte. Quando Marte diventava visibile nel cielo notturno, i Caldei lo vedevano come un segnale di **guerra imminente**, pestilenze o disastri che avrebbero sconvolto il mondo degli uomini.

Nergal non era un dio che portava la guerra per amore della vittoria, ma incarnava la distruzione necessaria, il fuoco purificatore che si abbatteva su coloro che dovevano essere puniti o redenti attraverso la sofferenza. **Marte**, con la sua luce infuocata, richiamava alla mente le battaglie sanguinose e la furia divina che si riversava sul campo di battaglia e nelle pestilenze che decimavano le popolazioni.

Quando **Marte** dominava il cielo, i sacerdoti caldei eseguivano **riti propiziatori**, preghiere e sacrifici per tentare di placare la collera di **Nergal**. I suoi presagi non lasciavano spazio all'interpretazione benevola; rappresentava il conflitto, la distruzione e la necessità di prepararsi per i tempi bui. Marte diventava quindi un simbolo celeste di avvertimento, una manifestazione della volontà implacabile di Nergal, il signore della morte e degli inferi, la cui ira poteva essere mitigata solo con il rispetto e la devozione.

Sin e la luna

Sin, il dio della luna, era una figura centrale nel pantheon caldeo e nella vita quotidiana del popolo mesopotamico. Il suo regno si estendeva sul cielo notturno, e il suo luminoso volto lunare scandiva il ritmo della vita e del tempo. **Le fasi lunari**, regolate da Sin, controllavano il **calendario mensile**, determinando i momenti propizi per la semina, il raccolto e le attività legate al mare. Ogni fase lunare aveva un significato particolare, e la sua visibilità nel cielo influenzava decisioni cruciali.

Per i Caldei, **Sin** non era solo il signore della notte, ma anche **il misuratore del tempo**, colui che teneva traccia del passaggio dei giorni e dei mesi. Le sue fasi guidavano la programmazione di **feste religiose**, riti agricoli e cerimonie sacre, collegando il mondo terreno con le energie celesti. **La luna crescente** era vista come un segnale di nuovi inizi, di crescita e prosperità, mentre la **luna calante** suggeriva tempi di riflessione e chiusura.

La visibilità di **Sin** e le sue fasi influenzavano anche momenti importanti della vita personale, come i **matrimoni** e le imprese commerciali. Consultare la luna prima di prendere decisioni era una pratica comune, poiché si credeva che Sin potesse illuminare il cammino giusto e proteggere chi agiva in sintonia con il suo ritmo. **Sin** rappresentava la stabilità e la guida nel buio, una forza costante che accompagnava i Caldei nella navigazione delle sfide della vita.

In quanto **illuminatore della notte**, Sin era venerato non solo come guardiano del cielo, ma anche come simbolo di saggezza e visione interiore, capace di rivelare segreti nascosti durante le ore più oscure.

Shamash e il sole

Shamash, il dio del sole, era venerato come il **giudice divino** e il garante della giustizia tra gli uomini. Il suo **viaggio quotidiano attraverso il cielo** rappresentava la vigilanza costante e l'illuminazione, portando non solo luce fisica ma anche chiarezza morale. Ogni alba segnava la **rinascita di Shamash**, un simbolo di speranza e rinnovamento, mentre ogni tramonto era la sua temporanea morte, un momento di riflessione che preannunciava la sua inevitabile rinascita. Questo eterno ciclo di morte e rinascita rappresentava l'immutabile verità che, nonostante le tenebre della notte, il **sole sarebbe sorto di nuovo**, portando con sé calore, vita e giustizia.

L'influenza di Shamash andava ben oltre il mondo naturale. **Era invocato nelle questioni legali**, nei processi e nei giuramenti, per assicurare che la verità prevalesse e che la giustizia fosse fatta. Come **supervisore della giustizia**, Shamash incarnava la rettitudine e l'equità, la sua luce rivelatrice smascherava l'inganno e l'ingiustizia, illuminando il sentiero della verità. Ogni giuramento fatto sotto il sole di Shamash era un patto sacro, un impegno che il dio stesso avrebbe sorvegliato.

Shamash era quindi molto più di una divinità solare: rappresentava la forza divina che garantiva equilibrio e giustizia nel mondo umano, il cui corso era costantemente illuminato e supervisionato dal suo vigile occhio celeste.

NUMEROLOGIA È MENTALITÀ

Nei capitoli precedenti abbiamo attraversato il cammino degli antichi Caldei, esplorando la storia della numerologia come un ponte verso la comprensione della **Numerologia Caldea**. Questo viaggio non è stato soltanto un esercizio di apprendimento storico. **È stato l'inizio di una trasformazione profonda**. Hai cominciato a infrangere il primo velo che copre la tua consapevolezza, a scalfire le barriere che limitano la tua mente. È come rompere un sigillo invisibile, un **rito di passaggio** che svela nuovi orizzonti.I pianeti e le divinità di cui abbiamo parlato non sono semplici simboli. **Sono potenti archetipi mentali**.

Ciascuno di essi incarna energie primordiali, forze che si radicano profondamente nella tua coscienza. Prima di poter veramente comprendere i numeri, devi permettere a queste immagini di penetrare nella tua mente, di risuonare dentro di te. **Gli archetipi non vivono solo nel cielo**. Vivono dentro di te, nel tuo inconscio, nel tuo DNA, nelle memorie ancestrali che porti con te.

Ogni archetipo, che sia **Marduk, Ishtar o Nergal**, non è solo una figura mitologica. È una **chiave**, una porta che ti apre alla comprensione più profonda delle energie cosmiche. Questi archetipi vibrano in sintonia con i numeri, collegando il mondo spirituale con la materia. **La tua mente deve prima allinearsi con queste forze**, per poter decodificare i segreti che i numeri custodiscono.

In questo capitolo, entreremo nell'esplorazione della tua **mentalità**.

Qui affronteremo quelle credenze, quei blocchi che ti impediscono di comprendere appieno la numerologia. **La mentalità è una chiave**: ciò che credi e ciò che pensi crea i confini della tua realtà. Se il tuo pensiero rimane limitato o chiuso, l'energia dei numeri non potrà fluire liberamente dentro di te.

Rompi quei confini e prepara la tua mente a ricevere ciò che i numeri, e gli archetipi, sono pronti a mostrarti.

Come funziona la tua mente

Ti sei mai chiesta perché alcune persone sembrano navigare senza sforzo nei numeri, mentre altre si perdono tra cifre e formule?

La risposta è semplice: **dipende dal tipo di mente che utilizziamo**.

Il motivo per cui molti insegnanti falliscono nell'insegnare la matematica è che tentano di associare concetti astratti a immagini concrete. Di per sé, questa non è una cattiva idea, soprattutto quando si parla di **immaginazione**. Quando dialoghiamo, quando pensiamo, la nostra mente utilizza immagini. **Sia la parte conscia che quella subconscia** si servono delle immagini per comunicare, trasformando le nostre abitudini e i nostri paradigmi in ancore emozionali che modellano il nostro comportamento e ci guidano verso i nostri risultati.

Ma nonostante la mente sia divisa in **due dimensioni** – una razionale e l'altra irrazionale – ci sono due principali modalità di pensiero: **astratto** e **immaginativo**. Solo una piccola parte della popolazione utilizza veramente il pensiero astratto. Sono le persone spesso considerate fuori dagli schemi, quelle che sfidano la norma. **Dislessici, complottisti, emarginati**. Queste persone, spesso percepite come diverse, possiedono una maggiore capacità di operare nel regno astratto, il luogo dove nascono le idee più rivoluzionarie. È proprio qui che fioriscono la comprensione esoterica e, se ben allineate, anche le capacità matematiche. Ma ecco il segreto: **questa mentalità può essere allenata**. Non è un dono riservato a pochi eletti. Attraverso l'addestramento sia della mente razionale che di quella subconscia, puoi sviluppare la capacità di pensare in modo astratto. **Il primo passo di ogni percorso esoterico** dovrebbe essere l'allenamento per questa mentalità. È come preparare la tua mente a vedere oltre il velo della realtà, a riconoscere i fili invisibili che collegano ogni cosa. Immagina di riuscire a comprendere ciò che gli altri non vedono, di collegare i numeri all'energia che scorre attraverso di te, di utilizzare questa conoscenza per **guidare il tuo cammino sentimentale e spirituale**.

Questo è il potere che risiede nel pensiero astratto: ti permette di andare oltre ciò che è visibile, verso un livello più profondo di consapevolezza e comprensione.

La mente immaginativa

L'immaginazione è il cuore pulsante della tua mente. È quella parte che tutti, consapevolmente o meno, usano ogni giorno. Attraverso le immagini, pensiamo, sogniamo, e comprendiamo il mondo che ci circonda. Ma se non hai mai davvero allenato questa capacità, se non l'hai usata con consapevolezza, diventa impossibile accedere a un livello più profondo, al regno del pensiero astratto.

Immagina questo: **senza immagini chiare nella tua mente, diventa impossibile comprendere veramente ciò di cui parli o pensi**. Se ti dico una parola—come cane, gatto, bambino—immediatamente la tua mente evoca un'immagine. È un'immagine archetipica, che risuona con le tue esperienze, le tue convinzioni, i tuoi pregiudizi. Senza quella chiarezza visiva interiore, il pensiero diventa confuso, sfuggente.

Perciò, **il primo passo per allenare la tua mentalità astratta** è diventare cosciente di come funziona la tua immaginazione, di come opera la tua mente.

Ora, **immagina la tua mente come una persona**. Visualizza una figura stilizzata, la cui testa è divisa in due parti: quella superiore rappresenta la mente razionale, collegata ai sensi. Questa parte funge da filtro per ogni stimolo esterno, separando ciò che percepisci in frammenti che la mente conscia può comprendere. Sotto questa, c'è la tua mente subconscia, che agisce in modo diverso. Come per osmosi, essa **assorbe le informazioni dalla mente razionale** e le trattiene, invisibili, ma potenti.

La mente subconscia è collegata al corpo di questa figura immaginaria. Perché? Perché sono le informazioni, i programmi, le abitudini che risiedono nel tuo subconscio a muovere il tuo corpo, a guidare le tue azioni quotidiane senza che tu ne sia del tutto consapevole. Le tue abitudini e i tuoi paradigmi sono il pilota automatico della tua vita. Sono loro a determinare i tuoi risultati: il tuo peso, la tua forma fisica, quanto guadagni, le persone che attrai e frequenti.

Essere **consapevole del funzionamento della tua mente** ti permette di osservare la tua vita da una nuova prospettiva. Improvvisamente, puoi **vedere con chiarezza** ciò che non funziona e capire come riprogrammarti per migliorare. **Riprogrammare il tuo subconscio** è come riscrivere la tua storia, allineare la tua mente e il tuo corpo a ciò che desideri veramente.

Comincia da qui: osserva le tue immagini mentali, esplorale e scopri come influenzano i tuoi comportamenti.

La mente astratta

Il pensiero astratto, a differenza della mente immaginativa, non si nutre di immagini visibili. Piuttosto, si muove attraverso **collegamenti concettuali**, legati a simboli o, più precisamente, a **archetipi**. Questi archetipi sono l'essenza invisibile di immagini che conosciamo, il loro cuore energetico e simbolico, che risuona con il profondo dell'anima.

Quando cominci ad avventurarti nello studio dell'esoterismo, stai esplorando il **legame sottile e misterioso tra macrocosmo e microcosmo**, la connessione che esiste tra l'universo e l'individuo, tra le stelle nel cielo e le profondità del tuo essere. **Per comprendere questo legame**, la tua mente ha bisogno di un allenamento speciale. Non è più sufficiente vedere il mondo con occhi razionali o seguire pensieri logici lineari. Devi immergerti nel mondo degli archetipi, perché **gli archetipi sono le chiavi che aprono le porte dell'astratto**.

Ecco perché, nell'esoterismo, a **lettere, numeri, pianeti e divinità** vengono collegati archetipi sotto forma di immagini simboliche. Questi simboli non sono solo decorazioni: sono potenti strumenti che parlano direttamente alla tua mente subconscia e al tuo spirito. **Attraverso lo studio degli archetipi**, inizi a vedere le connessioni nascoste, i legami invisibili che esistono tra te e l'universo. Questo ti permette di costruire una comprensione più profonda del mondo che ti circonda e del tuo posto in esso. Senza questo processo di **studio degli archetipi**, sarebbe impossibile sviluppare una mentalità matematica o astratta. Sarebbe come cercare di leggere una mappa senza prima conoscere i simboli che la compongono. Il pensiero astratto non può esistere senza queste basi. Gli archetipi sono le fondamenta su cui si costruisce la tua comprensione del cosmo e della tua stessa anima, **permettendoti di leggere i numeri, i simboli e le**

forze cosmiche con una chiarezza che va oltre il pensiero logico.

Allenare la tua mente in questo modo significa **entrare in sintonia con l'ordine nascosto dell'universo**.

Non è un semplice esercizio intellettuale, ma una vera e propria trasformazione interiore, che ti consente di navigare tra le energie invisibili che governano la tua vita.

Paradigmi negativi che influenzano la tua comprensione dei numeri.

Prima di andare oltre nel nostro viaggio attraverso la numerologia, dobbiamo fare un passo importante, uno che molti trascurano. **La tua mente**, come un terreno che va preparato prima della semina, deve essere ripulita da quei **pregiudizi negativi** che potrebbero minare la tua comprensione dei numeri e delle loro vibrazioni.

Pensa a questo momento come a una fase di **nigredo iniziatica**, il primo passo nell'alchimia spirituale. Qui, la tua **vecchia identità**—quella legata a vecchi schemi di pensiero, convinzioni limitanti e paradigmi negativi—sarà distrutta per fare spazio a una **nuova versione di te stessa**, più aperta, consapevole e pronta a ricevere la saggezza dei numeri.

I paradigmi negativi sono come catene invisibili. Bloccano la tua capacità di vedere i numeri per ciò che realmente sono: potenti simboli che connettono il microcosmo e il macrocosmo. Forse hai sempre pensato che i numeri siano freddi, logici, difficili da comprendere, oppure che la matematica non sia il tuo forte. Questi sono solo riflessi di convinzioni che non ti appartengono davvero, ma che hai assorbito nel corso del tempo.

Per liberarti da queste catene, devi immergerti in un processo di **riprogrammazione mentale**. Non basta solo leggere o comprendere concetti; devi fare tua questa nuova mentalità, interiorizzarla fino a che diventi parte di te. Ripeti ogni paradigma positivo almeno **5 volte al giorno per un mese**. Ripetizione e immersione sono le chiavi. È come riscrivere il codice di un programma, linea per linea, finché la vecchia versione non esiste più.

In questo processo, non stai semplicemente cambiando il modo in cui pensi. **Stai creando una nuova te**. Ogni volta che ripeti queste nuove credenze, stai scalpellando via i resti della tua vecchia identità, quella che dubitava del proprio potere, quella che pensava che i numeri fossero solo cifre vuote.

I **numeri** sono molto più di questo. Sono **chiavi energetiche** che possono aprire porte nella tua vita sentimentale, spirituale e personale. Ma per poterle usare, devi prima allineare la tua mente con le loro vibrazioni. **Ogni paradigma negativo che lasci alle spalle** ti avvicina a una comprensione più profonda e a una nuova versione di te stessa, pronta a navigare tra i simboli nascosti dell'universo.

la numerologia per vincere alla lotteria è da stupidi.

Molti si avvicinano alla numerologia con l'idea di poter **vincere la schedina**, cercando un modo rapido e magico per cambiare le proprie finanze. Ma se queste persone comprendessero veramente il potere e il significato dei numeri, saprebbero che **la probabilità matematica** di vincere alla lotteria è quasi inesistente: **1 su un miliardo**. Continuare a sperare in questo risultato è come inseguire un miraggio nel deserto.

Dietro questo atteggiamento, si nasconde un problema più profondo: **una relazione tossica con il denaro**. Le persone che approcciano la numerologia con queste aspettative spesso **vivono in scarsità**, convinte che il denaro sia qualcosa di limitato, che solo chi imbroglia o bara possa ottenere. Questa convinzione le porta a cadere in un ciclo di autosabotaggio. Anche quando riescono a ottenere un po' di denaro, lo **sperperano subito**, giustificandosi dicendo che lo stanno "reinvestendo", quando in realtà stanno solo cercando di vincere di nuovo.

Questa mentalità non solo rovina la loro vita economica, ma **mina anche il loro successo personale e spirituale**. La relazione tossica con il denaro si riflette in ogni aspetto della loro esistenza, bloccando la possibilità di crescita e allontanando la prosperità. Se non riesci a cambiare il modo in cui pensi al denaro, **non potrai mai attrarlo** in modo sano e costante.

Il denaro non è un oggetto fisso, limitato, riservato a pochi. È un'energia, uno strumento di scambio. Esattamente come le molecole di zucchero si scambiano energia all'interno del corpo, così il denaro è un mezzo per scambiare valore. E sai qual è il segreto? Il denaro è **infinito e facilmente ottenibile**. Ogni giorno ne viene stampato di più, ogni giorno nuove opportunità di guadagno emergono. Non serve un titolo o un colpo di fortuna per ottenere denaro. **Basta produrre valore.**

E produrre valore significa **aiutare le persone a migliorare la loro vita**, esattamente come sto facendo io con te, spiegandoti questi concetti. Quando ti concentri su come puoi offrire valore agli altri, il denaro fluisce naturalmente. Scrivi ogni giorno su un foglio: "**Il denaro è infinito e facilmente ottenibile**". Lascia che questa affermazione penetri nella tua mente, trasformando il tuo rapporto con l'energia del denaro.

Cambia la tua mentalità e vedrai come i numeri ti guideranno verso una nuova comprensione, dove **il successo personale e finanziario** non è una questione di fortuna, ma di allineamento con le energie cosmiche.

Tu sei brava in matematica

Se continui a ripeterti il contrario, che non sei brava in qualcosa, che non meriti il successo, non fai altro che **rafforzare un muro invisibile** tra te e ciò che desideri. Ogni volta che formuli un pensiero negativo, stai inconsapevolmente creando una barriera che ti tiene lontana dal tuo potenziale. Ma puoi scegliere di cambiare questa dinamica.

Invece di dire: "Non sono brava in questo," chiediti: **"Come posso migliorare in questo?"**. Questo piccolo cambiamento nella tua prospettiva può aprire una porta verso il miglioramento. **Non blocca la tua crescita**, ma ti spinge verso un'azione di autoperfezionamento. Ogni volta che ti poni questa domanda, la tua mente inizia a cercare soluzioni, anziché chiudersi in una spirale negativa.

Le **ripetizioni negative** sono insidiose. Pensa per un attimo a questo: la persona media è costantemente bombardata da messaggi depotenzianti. Uno studio condotto dal Dr. Vitale negli Stati Uniti ha rivelato che siamo esposti a circa **700 frasi negative al giorno**.

Le ascoltiamo in famiglia, al lavoro, in TV, sui social. E se a questo bombardamento quotidiano aggiungi le voci negative del tuo passato, come quelle di scuola, il quadro diventa ancora più pesante.

Ma qui viene il punto cruciale: **la colpa non è tua**. Probabilmente hai avuto insegnanti che non erano in grado di insegnarti la matematica. **Non erano capaci di mostrarti come funziona davvero la tua mente**, e hanno trasferito su di te il peso del loro fallimento. Se in una classe di 30 bambini solo 2 capiscono la matematica, il problema non sei tu. È l'insegnante che non ha saputo adattarsi, e la matematica stessa ce lo conferma. **Non sei**

tu ad essere incapace; sei stata condizionata ad accettare una falsa realtà.

Quando un insegnante ti dice che non sei brava, questa affermazione si radica nel tuo subconscio, creando un **paradigma limitante**.

Ma ora che comprendi come funziona la tua mente, ora che conosci il potere del pensiero astratto, **hai tutti gli strumenti per essere brava anche tu**. Non solo brava, ma **migliore** di chi non ha mai avuto accesso a queste conoscenze.

Inizia a ripeterti ogni giorno: "**Sono brava in matematica**". Cambia la narrazione che ti hanno imposto. La tua mente è uno strumento potentissimo, capace di adattarsi e imparare, di crescere e migliorare. E ora, con la consapevolezza che hai acquisito, sei pronta a riscrivere il tuo destino, passo dopo passo.

I NUMERI CALDEI

Nel capitolo precedente, abbiamo percorso insieme un cammino intenso e necessario: **la distruzione dei vecchi paradigmi**. Questo lavoro, per quanto impegnativo, è fondamentale per liberare la tua mente dai pregiudizi che bloccano la tua comprensione profonda dei numeri. Senza questa purificazione iniziale, sarebbe impossibile per te accedere ai livelli più avanzati della numerologia, come l'interpretazione simbolica e, in seguito, i calcoli complessi che danno vita a questo sapere antico.

Per alcuni dei miei allievi, nonostante le semplificazioni che ho introdotto nei testi precedenti, l'approccio alla numerologia caldea si è rivelato ostico. **I vecchi schemi mentali** li tenevano ancorati a una visione limitata, incapaci di cogliere il potere dei numeri e di applicarli alla propria vita. Ma tu hai affrontato con coraggio questo processo di distruzione e rinascita. **Abbiamo ripulito insieme la tua mente**, eliminando quella sporcizia che anni di insegnamenti sbagliati e condizionamenti esterni avevano depositato nelle sue profondità.

Ora, grazie a questo lavoro, sei pronta a edificare le tue conoscenze su **fondamenta solide**, robuste come un tempio costruito per durare. Con gli strumenti che hai acquisito, non solo comprendi il significato dei numeri, ma li percepisci a livello simbolico e archetipico.

Il tuo subconscio è stato riprogrammato per accogliere questa nuova conoscenza e lasciarsi guidare dalla saggezza numerologica, abbandonando le limitazioni passate.

Questo lavoro esoterico, una vera e propria **manipolazione del subconscio**, ti ha reso capace di accedere al linguaggio simbolico dei numeri.

Ora, attraverso immagini e ripetizioni mentali, i numeri non sono più cifre vuote, ma **chiavi** che aprono porte invisibili, che ti connettono a energie sottili, a legami profondi tra il tuo essere e il mondo che ti circonda.

Sei pronta a immergerti in questo universo. Da qui in avanti, i numeri caldei non saranno solo concetti; diventeranno **strumenti di trasformazione**, specchi che riflettono il tuo cammino e l'energia che ti circonda.

Numero 1 Caldeo: l'Influenza del Sole e la Benedizione di Shamash

Immagina di camminare sotto il sole di mezzogiorno, sentendo sulla pelle la sua energia pura e inarrestabile. Questo è il potere del **numero 1** secondo la tradizione caldea, un numero che porta con sé l'essenza del Sole e l'influenza divina di **Shamash**, il dio della giustizia e della verità. In questa tradizione antica, il Sole non era solo una stella nel cielo, ma una fonte di illuminazione spirituale e di ordine universale. Il numero 1, in quanto manifestazione di questa luce primordiale, è un simbolo di **leadership, indipendenza e un desiderio ardente di libertà**.

Quando il numero 1 ti accompagna, sei chiamata a incarnare una forza che non conosce incertezze. È una fiamma che non si spegne, una luce che non ammette rivali. La tua anima si riconosce come unica, come il punto d'inizio. Non c'è niente di casuale nella tua presenza, e ogni tuo passo sembra guidato da un istinto che ti porta sempre avanti, mai indietro. Sei come un raggio di luce, capace di fare chiarezza dove gli altri vedono solo oscurità. **Il tuo cammino non è mai comune, ma quello di una pioniera, di una guida**. E questo ruolo non è senza sfide: essere il primo significa anche affrontare da sola le ombre più profonde.

Il numero 1 è sinonimo di creazione e inizio. Proprio come il Sole che sorge all'alba, portando il giorno, anche tu senti il richiamo di fare da apripista. Questo potere di iniziare, di avviare, è una qualità rara, che non appartiene a tutti. È il potere di un'anima che sa di poter cambiare il corso della propria vita. Sei destinata a creare, ad aprire nuovi sentieri, a rompere le catene del passato. Questo numero ti dona una **volontà ferma, quasi incrollabile**: quando decidi qualcosa, la tua determinazione diventa un'armatura, proteggendoti da dubbi e insicurezze.

Il numero 1 è anche il simbolo dell'indipendenza assoluta. Come il Sole non ha bisogno di nulla per splendere, così anche tu non senti la necessità di dipendere dagli altri. La tua autonomia è la tua forza, una qualità che pochi riescono a comprendere fino in fondo. È una sorta di richiamo ancestrale, una vibrazione profonda che ti spinge a camminare per conto tuo, a scoprire il mondo secondo la tua visione, non quella di altri. **Questo non significa essere sola, ma scegliere di essere l'autrice del tuo destino**.

Shamash, il dio che rappresenta questo numero, è anche il signore della giustizia. In te, questa energia si traduce in un forte senso di equità, di ciò che è giusto e sbagliato. Non tolleri le ingiustizie, né le imposizioni. Essere sotto l'influenza del Sole e di Shamash ti rende naturalmente refrattaria a ogni forma di sottomissione: non sopporti che altri decidano per te, e non hai paura di difendere le tue convinzioni, anche se ciò significa essere una voce fuori dal coro. **La tua anima, intrisa della luce di Shamash, è chiamata a brillare di una luce che non è solo personale, ma universale**. La tua presenza è spesso una sfida per chi cerca di imbrigliarti o di limitare la tua libertà.

Ma questa indipendenza ha un prezzo. La tua avversione per l'autorità, questo desiderio di essere tu stessa l'autorità, può portarti a scontrarti con ostacoli che richiedono pazienza, diplomazia, e talvolta anche compromessi. Se da un lato la tua natura ti spinge a essere libera e indomita, dall'altro ci sono situazioni in cui il mondo richiede la tua capacità di adattamento. È in questi momenti che il numero 1 diventa un maestro di saggezza, insegnandoti la virtù della calma. Questa è la sfida più grande: **trovare il giusto equilibrio tra la tua libertà e i confini imposti dalla realtà**. Non è facile per te, ma è il prezzo di un'anima che è nata per essere autonoma.

In amore, il numero 1 porta con sé un'aura di magnetismo e di forza. Sei attratta da chi condivide il tuo desiderio di libertà, da chi rispetta la tua individualità senza cercare di cambiarla. **Per te, l'amore non è mai una gabbia, ma una danza di anime libere.** Tuttavia, questo bisogno di indipendenza può anche diventare un ostacolo, specialmente se l'altro non riesce a comprendere la tua necessità di spazio e di autonomia. L'amore, per te, è come un riflesso del Sole: bello, abbagliante, ma mai statico. Sei attratta dalle anime che, come te, non temono di brillare da sole, che non si lasciano intimorire dalla tua intensità, ma che vi trovano ispirazione e forza.

Essere sotto l'influenza del Sole significa anche essere costantemente esposta alla propria ombra. Shamash, con la sua giustizia inflessibile, non lascia spazio a compromessi. E quindi, mentre brilli di luce propria, sei anche invitata a confrontarti con i lati più nascosti della tua personalità. Il desiderio di indipendenza può trasformarsi in solitudine; la forza interiore può diventare rigidità. **È qui che la tua anima deve affrontare il suo lato oscuro**, scoprire cosa si nasconde dietro la necessità di essere sempre la prima, sempre la più forte. Questo numero ti chiede di essere onesta con te stessa, di accettare le tue fragilità senza timore, di permettere alla tua luce di toccare anche le tue insicurezze. Il numero 1 ti invita, inoltre, a portare il tuo potere di iniziativa verso l'esterno, nel mondo. Non basta brillare da sola: hai il compito di illuminare anche gli altri, di guidarli verso un cammino di crescita. Shamash, il dio Sole, non splende solo per sé, ma per tutti coloro che cercano la verità. Anche tu, come lui, sei chiamata a essere un faro, a diffondere il tuo sapere, la tua energia. La tua leadership naturale non è solo un dono per te, ma un dono per chi ti circonda. **Hai la capacità di ispirare, di risvegliare gli altri**; puoi portarli a vedere la propria luce, a riconoscere il proprio potere.

Sei destinata a diventare un esempio di forza e di integrità. Eppure, non sempre troverai compagni lungo il tuo cammino. Molti si sentiranno intimoriti dalla tua intensità; altri cercheranno di trattenerti, di portarti giù con loro. Ma tu sei nata per risalire, per superare ogni difficoltà. Il numero 1 ti chiede di avere il coraggio di essere diversa, di non cedere alla tentazione di adattarti. **Essere te stessa sarà la tua più grande vittoria**. E ogni volta che avrai dubbi o paure, ricorda: il Sole sorge sempre, anche dopo la notte più buia.

In definitiva, il numero 1 ti porta a conoscere la verità di chi sei. È un numero che non ammette compromessi, un simbolo di **autenticità assoluta**. Essere sotto questa influenza significa vivere con uno scopo, con una direzione chiara. Ogni tua azione è guidata dalla consapevolezza di chi sei e di cosa puoi diventare. Il Sole, con tutta la sua luce, non conosce ombre. Così anche tu sei chiamata a vivere senza nasconderti, senza lasciare nulla di non detto. La tua anima, illuminata da Shamash, è destinata a risplendere.

Numero 2 Caldeo: l'Influenza della Luna e la Benedizione di Sin

Immagina il chiarore della luna piena in una notte silenziosa, quando l'aria sembra carica di segreti e tutto è pervaso da un'atmosfera ovattata, quasi onirica. **Questa è l'essenza del Numero Caldeo 2**. In questo numero c'è la delicatezza della Luna, il suo fluire morbido e avvolgente che parla direttamente al cuore. La Luna, infatti, non emette una luce propria, ma riflette quella del Sole: e così chi è influenzato dal numero 2 ha un'anima capace di riflettere e amplificare le emozioni altrui, di sentire ogni sfumatura con intensità. È una magia che non tutti possono comprendere, e che porta con sé tanto una benedizione quanto una sfida.

Sotto l'influenza del dio lunare caldeo, **Sin**, il numero 2 rappresenta la forza silenziosa dell'empatia e della connessione interiore. Sin era il dio che osservava i cicli della Luna, colui che guidava le fasi di crescita e declino che influenzano non solo il mondo esterno, ma anche le profondità dell'anima. Il numero 2, come la Luna, cresce e si ritrae, fluisce e si ritira. Le persone che portano questa energia incarnano una sensibilità che le rende profondamente percettive. Riescono a captare ciò che non viene detto, a comprendere le emozioni nascoste. **Questa è la loro forza, ma anche il loro mistero**, perché chi è tanto legato alla Luna può trovarsi a vivere tra sogno e realtà, tra intuizione e realtà materiale.

La tua anima, se influenzata da questo numero, è simile a un acquerello dipinto su uno specchio d'acqua: bellissima nella sua trasparenza, capace di riflettere ogni sfumatura che la circonda. Ma questa stessa qualità può renderti vulnerabile, proprio perché **la tua capacità di sentire è così intensa che spesso ti perdi nei dettagli emotivi**. Puoi comprendere gli altri a un livello che supera le parole, come se potessi ascoltare il loro cuore attraverso il tuo. Eppure, questa capacità empatica può farti dimenticare di te stessa, di ciò che realmente desideri e di ciò che ti rende felice. A volte, senti il bisogno di nasconderti, di ritirarti nel silenzio, perché le emozioni che percepisci intorno a te diventano quasi insopportabili.

Chi porta il numero 2 è spesso una guida spirituale silenziosa, una presenza che ispira fiducia e che sa ascoltare senza giudicare. Ma mentre riesci a essere il rifugio degli altri, a donare conforto e comprensione, potresti trovare difficile ricevere lo stesso tipo di sostegno. **La tua dolcezza può essere percepita come una debolezza**, e chi non ti conosce a fondo potrebbe non comprendere la tua vera forza interiore. Questo è uno dei grandi dilemmi del numero 2: essere visto come fragile, quando in realtà possiedi una resilienza d'acciaio, forgiata nel fuoco dell'anima. Sin, il dio della Luna, ti dona una luce morbida, ma questa luce, a volte, rischia di essere oscurata da chi non è capace di vedere oltre la superficie.

La tua creatività, come l'energia della Luna, è profonda e introspettiva. C'è qualcosa di magico e malinconico in ciò che crei, come se la tua arte fosse un canale per esprimere quelle emozioni che non sempre riesci a mettere in parole. La Luna, con le sue fasi, ti insegna che la bellezza può essere effimera e che c'è una forza persino nella vulnerabilità. **La tua arte, la tua espressione creativa, ha il potere di toccare l'anima altrui**, di evocare sentimenti nascosti e di portare alla luce ciò che normalmente rimarrebbe nell'ombra. Questo talento è prezioso, ma non sempre riconosciuto; richiede il coraggio di esporsi e la pazienza di chi sa che il proprio valore non dipende dal riconoscimento esterno.

Tuttavia, la sensibilità lunare che ti accompagna può diventare anche una trappola. **La tua mente è come una tela sulla quale**

ogni emozione si imprime con forza, lasciando tracce che possono diventare cicatrici. Potresti trovarti a rimuginare su piccoli dettagli, su parole dette o taciute, su sguardi e sfumature che altri nemmeno notano. Questa tendenza a soffermarti sui dettagli ti rende una persona eccezionale nel cogliere ciò che agli altri sfugge, ma può anche portarti a perdere di vista il quadro generale, a sentirti smarrita in un labirinto di sentimenti e impressioni.

In amore, il numero 2 ti avvolge con un desiderio profondo di connessione, di intimità autentica. Non sei attratta dalle relazioni superficiali; per te, l'amore è un'arte sacra, un incontro di anime. **Cerchi un partner che possa essere uno specchio per la tua anima**, qualcuno capace di capirti senza bisogno di parole, di apprezzare la tua dolcezza e di rispecchiare la tua profondità. Ma il rischio è che la tua tendenza a dare senza riserve ti lasci con un senso di vuoto, soprattutto se l'altro non è in grado di donarti la stessa intensità. A volte, potresti sentirti come la Luna che splende in solitudine, visibile eppure lontana. La tua anima desidera la fusione, la connessione, ma al tempo stesso teme la perdita di sé.

L'influenza del dio Sin ti insegna a guardare oltre le apparenze, a cercare la verità nascosta nel cuore degli altri. Sei una persona che riesce a comprendere le sfumature della vita, che vede le ombre e la luce come parti di un'unica danza. **Tuttavia, è fondamentale che impari a proteggere la tua energia**, a non lasciare che la tua sensibilità ti consumi. È un dono prezioso, ma che richiede discernimento. La Luna può essere seducente e ipnotica, ma può anche indurre a perdersi nelle profondità dell'inconscio, a smarrirsi in mondi fatti di sogni e illusioni.

La sfida più grande per te, sotto l'influenza del numero 2, è imparare a mantenere un equilibrio tra il tuo mondo interiore e la realtà esterna. **Essere il numero della Luna significa saper**

navigare tra le emozioni senza esserne travolti. La tua forza risiede nella capacità di amare, di capire, di guarire. Ma è necessario che trovi anche il tuo centro, che non perda di vista chi sei davvero. Come la Luna che riflette la luce del Sole, anche tu devi imparare a riflettere senza assorbire tutto. Essere empatica non significa farti carico del dolore altrui, ma saperlo comprendere senza permettergli di influenzare la tua essenza.

La tua anima ha bisogno di spazi di silenzio, di momenti in cui ritirarti per ritrovare la tua energia. Non devi avere paura di dire di no, di chiudere le porte quando senti il bisogno di proteggerti. **Imparare a mettere dei confini è un atto d'amore verso te stessa**. Chi ti ama veramente capirà e rispetterà questa tua esigenza, e sarà capace di avvicinarsi senza violare il tuo spazio sacro.

Il numero 2, con tutta la sua delicatezza, è un numero potente proprio per la sua capacità di sentire ciò che agli altri sfugge. Sin, il dio lunare, ti guida con una luce tenue, una luce che è riflesso e intuizione, una luce che non abbaglia ma svela le verità nascoste. La tua anima è come un fiume che scorre placido, ma che ha una forza sotterranea, una corrente invisibile che non si arresta mai. Non dimenticare mai questa tua forza, anche quando il mondo ti appare troppo duro, anche quando senti di essere fraintesa.

Essere una persona con il numero 2 significa danzare al ritmo della Luna, seguire i suoi cicli, accettare le sue variazioni. La tua anima è fatta di **luce e ombra, di empatia e introspezione**, di amore e solitudine. Non cercare di cambiare questa tua essenza, non temere la tua sensibilità. Sei destinata a illuminare il mondo con una luce che non è di tutti, una luce che appartiene a chi sa vedere con il cuore.

Numero 3 Caldeo: l'Influenza di Giove e la Benedizione di Marduk

Immagina Giove, il gigante dei cieli, con la sua immensa aura che irradia forza e abbondanza. Nel cuore del numero 3 si cela proprio l'energia di questo pianeta possente, una spinta verso l'espansione e la realizzazione personale che si sente dentro di te come un fuoco che non si spegne mai. Sotto la guida della divinità caldea **Marduk**, dio della giustizia e della prosperità, il numero 3 richiama a una crescita che non si ferma alle semplici ambizioni terrene. **Marduk era il dio che, secondo le antiche credenze, dava ordine al caos**, e chi è influenzato dal numero 3 porta con sé questo desiderio di portare luce e chiarezza, di espandersi verso nuovi orizzonti.

Se il tuo numero è il 3, allora in te vive una forza che sembra impossibile da contenere. Hai un'energia interiore che pulsa, che cerca sempre nuove mete, nuove sfide, nuove terre da esplorare. L'espansione non è solo qualcosa che desideri; è una necessità, è il richiamo di Giove, quel pianeta imponente che non accetta limiti. **Senti dentro di te l'impulso di crescere e di esplorare**, di conquistare spazi che altri temono di attraversare. È una spinta che può farti sentire come un fiume che scorre impetuoso, impossibile da arrestare. Hai l'ambizione di lasciare un segno, di non passare inosservata.

Marduk ti spinge a diventare un simbolo di forza e prosperità, ma ti chiede anche di affrontare le tue ombre, di portare ordine dove c'è caos, dentro e fuori di te. Questo è il dono e il peso del numero 3: l'espansione, infatti, è un potere immenso, ma va guidato con saggezza. Non si tratta di una semplice sete di successo o di fama; è un desiderio di esprimere il tuo potenziale, di raggiungere una grandezza interiore che risuoni in ogni aspetto della tua vita.

La tua mente, sotto l'influsso di Giove, è come una mappa stellare che ti guida a vedere oltre i limiti del presente. Sei un'abile stratega, una persona che sa organizzare e pianificare, ma tutto questo ha un motivo più profondo: **vuoi lasciare un'impronta**, qualcosa che altri possano seguire. Non è insolito, infatti, che chi è influenzato dal numero 3 sia un leader naturale, qualcuno che attira gli altri con il proprio carisma e la propria sicurezza. Ma questa non è una leadership imposta. È un potere che nasce dalla tua capacità di espandere la tua visione, di vedere possibilità dove altri vedono solo muri.

Nell'amore, questa energia ti porta a desiderare una connessione che vada oltre il banale e il superficiale. Sei attratta da chi condivide la tua sete di crescita, da chi ha la forza di accompagnarti nei tuoi viaggi spirituali e materiali. **Non ti accontenti di una relazione stagnante**; hai bisogno di qualcuno che sia pronto a evolversi con te, di un partner che sappia stare al passo con i tuoi sogni ambiziosi. Ma questo può anche portarti a vivere un dualismo interiore: da un lato desideri stabilità e dall'altro ti spinge un costante bisogno di libertà. Questa è una sfida che Giove e Marduk ti pongono, chiedendoti di trovare un equilibrio tra il desiderio di radicarti e quello di esplorare nuove vie.

L'energia di Giove, tuttavia, porta con sé anche un'avvertenza: l'espansione, se non guidata, può diventare eccessiva. **Il rischio è quello di volere troppo, di cercare di afferrare tutto senza apprezzare ciò che già possiedi**. Questo spirito di conquista può trasformarsi in un impulso a riempire ogni spazio della tua vita senza mai concederti una pausa per respirare e godere del presente. Marduk, il dio dell'ordine, ti ricorda che anche l'espansione deve avere i suoi confini, che una crescita armoniosa richiede rispetto per i propri limiti. In altre parole, ti invita a trovare una disciplina interiore che ti permetta di raggiungere l'equilibrio.

Il numero 3 porta con sé anche una forte carica spirituale, una connessione con la dimensione divina del potere e della giustizia. Chi è influenzato da questo numero possiede una **grande fiducia in sé stesso e nella propria capacità di manifestare ciò che desidera**. Ma per mantenere questo potere puro, è necessario che il desiderio di realizzazione non diventi egoistico. Devi essere pronta a espanderti non solo per te stessa, ma anche per ispirare e arricchire coloro che incontri lungo il cammino. Questo è il messaggio di Marduk: una vera leader non cerca solo il proprio successo, ma lavora per portare luce a chi le è accanto, per fare in modo che la propria grandezza possa illuminare anche gli altri.

In ambito professionale, il numero 3 ti spinge verso posizioni di autorità o ruoli in cui puoi esprimere le tue capacità organizzative e il tuo carisma naturale. **Sei portata a prendere in mano le redini**, a gestire progetti o team con una sicurezza che ispira fiducia negli altri. Tuttavia, proprio per questa tua attitudine al comando, potresti avere difficoltà ad accettare l'autorità altrui. Ti senti spesso incline a seguire il tuo percorso piuttosto che obbedire alle regole di qualcun altro. È il segno di una mente indipendente, di un'anima che desidera essere il proprio sovrano, come Marduk è il sovrano del suo regno. Ma, talvolta, questa inclinazione può portarti a scontrarti con chi non comprende la tua necessità di libertà e controllo.

Con la tua natura espansiva, potresti anche trovarti a voler abbracciare troppi progetti contemporaneamente, rischiando di disperdere le tue energie. **L'ambizione è un'arma potente, ma va utilizzata con saggezza**. Giove ti dona l'abilità di pensare in grande, di vedere il quadro completo, ma per realizzare il tuo potenziale è essenziale che tu impari a concentrarti su ciò che davvero conta, su ciò che porta valore alla tua vita e a quella degli altri. L'espansione non deve diventare una corsa infinita; a volte, il potere più grande sta nella capacità di scegliere e lasciare andare.

Infine, il numero 3, in quanto simbolo di crescita e abbondanza, ti connette profondamente al principio della manifestazione. Con la tua mente strategica e il tuo spirito intraprendente, sei capace di **attirare ciò che desideri** nella tua vita, di materializzare le tue visioni attraverso la determinazione e la fede nel tuo percorso. Ma è fondamentale che questa capacità di attrarre sia usata in modo consapevole. Espandersi senza saggezza può portare alla dispersione, mentre coltivare i propri sogni con discernimento conduce alla realizzazione autentica.

Il messaggio di Giove e di Marduk, per te, è chiaro: **cresci, ma ricorda chi sei**. Espanditi, ma non perdere mai il tuo centro. Conquista il mondo, ma fallo con cuore puro e intenzioni sincere. Giove ti dona la forza per arrivare lontano, per esplorare territori sconosciuti e per lasciare un segno tangibile, ma Marduk ti invita a non dimenticare il valore dell'ordine e dell'armonia.

Il numero 3 è quindi un cammino di potere e saggezza, di espansione e responsabilità. **Sei chiamata a crescere, a conquistare, a illuminare**, ma anche a trovare il modo di restare fedele a ciò che conta veramente. Questa è la sfida e il dono del numero 3: una grandezza che non conosce limiti, se non quelli che tu stessa decidi di rispettare. Sotto l'influenza di Giove e Marduk, possiedi la forza di creare il tuo destino, di plasmare il mondo con la tua visione e di lasciare un'eredità che parli di te anche quando non sarai più qui.

Numero 4 Caldeo: l'Influenza di Urano e la Benedizione di Anu

Il numero 4 nella numerologia caldea è profondamente legato alla forza ribelle e visionaria di Urano, il pianeta dell'inaspettato e del progresso, che porta con sé il fuoco dirompente del cambiamento e dell'innovazione. **Urano è il signore degli spiriti liberi**, un'energia che non si lascia mai imbrigliare da schemi fissi o regole imposte. A lui si lega la divinità caldea **Anu**, il dio del cielo, il cui regno infinito racchiude misteri inesplorati e possibilità che nessun mortale osa contemplare fino in fondo.

Chi è influenzato dal numero 4 incarna la visione e la sfida di Anu. Hai una natura intrinseca che ti spinge a guardare oltre l'ovvio, a spingerti nei territori che altri evitano o non vedono. Sei una mente libera e innovativa, portatrice di idee che sembrano spuntare dal nulla, quasi come se ricevessi messaggi da un regno invisibile. In ogni ambito della tua vita, Urano ti guida come un vento impetuoso, alimentando in te un desiderio profondo di verità e originalità. Eppure, questa visione innovativa può anche separarti dagli altri. Gli individui con il numero 4 sono spesso **incompresi, percepiti come diversi o addirittura strani** per la loro tendenza a sfidare le convenzioni. La tua unicità non sempre trova apprezzamento, ma è ciò che ti rende essenziale, un faro per chi è pronto ad abbracciare nuove prospettive.

La connessione con Anu, il dio del cielo e dell'espansione illimitata, ti rende un'anima che non teme di spingersi oltre i limiti del conosciuto. **Il tuo spirito ribelle ti rende scomoda per chi cerca sicurezza e stabilità**, ma è anche ciò che ti dona quel fascino misterioso e irresistibile. In amore e nelle relazioni, tendi ad attrarre chi è affascinato dalla tua profondità e dalla tua unicità. **Non sei fatta per amori superficiali o convenzionali**:

cerchi un legame che sfidi, che arricchisca e che espanda la tua stessa visione del mondo. Tuttavia, il tuo modo di amare può spaventare chi è abituato a forme più comuni di affetto. Il numero 4 richiede un amore che sia in grado di abbracciare il caos e l'imprevisto, un partner che comprenda la bellezza di ciò che è diverso e che sappia camminare accanto a te, senza cercare di cambiare la tua essenza.

L'energia di Urano, a cui sei così profondamente legata, ti spinge a **cercare la verità, sempre e comunque**. Non ti accontenti di risposte semplici e banali; sei disposta a scavare, a mettere in discussione, a smantellare vecchie credenze per arrivare a ciò che è autentico. Questa tendenza può portarti a conflitti con chi ti circonda, soprattutto con chi cerca di imporre un ordine rigido e limitante. Sei nata per scuotere le fondamenta di ciò che è statico, e questo ti rende una forza trasformativa. Non è raro che tu ti senta sola in questa battaglia, ma è proprio qui che Anu ti sostiene: la tua solitudine è una fiamma sacra, un richiamo verso il cielo aperto, verso ciò che è più grande, più libero.

In ambito professionale, la tua capacità di pensare fuori dagli schemi è un dono inestimabile. **Hai una visione che pochi possono comprendere appieno** e la tua mente è come un laboratorio alchemico in cui nascono nuove idee, soluzioni, invenzioni. Tuttavia, il cammino di chi è governato da Urano non è mai facile: le tue idee spesso disturbano chi è attaccato a schemi rigidi o chi non è pronto per un cambiamento radicale.

Sei il tipo di persona che ama smontare i sistemi tradizionali per costruirne di nuovi, più giusti e autentici, ma questo può portarti a scontrarti con chi detiene il potere e preferisce la stabilità al cambiamento. Questo percorso, che può sembrare a volte solitario e ostile, è in realtà la tua chiamata, il tuo destino.

L'influenza di Urano ti rende una figura di rottura, una pioniera. Eppure, c'è una fragilità in questa tua lotta per l'autenticità: il mondo non è sempre pronto ad accogliere ciò che non comprende. Il numero 4 porta con sé il peso di chi sa vedere oltre, di chi intravede possibilità dove altri vedono solo confini.

Questo ti dona un'aura di mistero e può portarti a sentirti incompresa, persino respinta da chi non accetta il tuo modo di pensare e di essere. Eppure, nonostante tutto, senti dentro di te che il tuo compito è proprio quello di essere diversa, di essere la scintilla che accende nuove visioni.

Nel campo della crescita spirituale, il numero 4 ti offre **la capacità di percepire ciò che è nascosto, di esplorare dimensioni che altri evitano**. Urano è il pianeta delle verità nascoste, delle rivelazioni improvvise, e questo ti rende particolarmente sensibile ai messaggi che arrivano dal profondo della tua anima e dall'universo stesso. Sotto la guida di Anu, il dio del cielo, ti senti chiamata a esplorare mondi sconosciuti, a cercare risposte dove pochi hanno il coraggio di andare. La tua spiritualità non è convenzionale, non segue percorsi prestabiliti; è un viaggio personale, solitario, che ti conduce verso il risveglio dell'anima.

In amore, come nella vita, tendi a desiderare un legame che ti comprenda senza costringerti, che ti lasci libera di esplorare e di crescere. Il numero 4 è attratto da persone che hanno una profondità simile, da chi è capace di accettare la tua indipendenza senza soffocarti. Tuttavia, il tuo cammino in amore non è semplice: sei attratta da persone che rispettano la tua unicità, ma trovare un equilibrio tra il bisogno di libertà e il desiderio di condivisione può rappresentare una sfida. Spesso potresti chiederti se esista davvero qualcuno in grado di amarti senza voler cambiare ciò che sei.

Il potenziale del numero 4 si manifesta quando accetti pienamente la tua unicità e fai pace con la tua natura anticonformista. **Non sei nata per seguire la folla, e in questo risiede il tuo vero potere**.

Anu ti guida verso una realizzazione che va oltre i confini della società, una comprensione di te stessa che ti permette di agire con coraggio e determinazione, anche se ciò significa essere incompresa. Sei una ribelle dell'anima, e la tua forza risiede proprio nella capacità di seguire il tuo cuore, anche quando questo ti conduce lontano dalle strade comuni.

Infine, il messaggio di Urano e di Anu per te è questo: **abbraccia il tuo destino di innovatrice, di spirito libero, di portatrice di nuove verità**. Il numero 4 ti dona la capacità di cambiare il mondo, ma per farlo dovrai accettare la tua natura solitaria, il richiamo incessante verso l'ignoto.

Il tuo percorso non è semplice, ma è ricco di scoperte, di visioni, di connessioni profonde con il tutto. Urano ti insegna a non aver paura di rompere con il passato, di guardare oltre l'apparenza, di trovare la verità nascosta in ogni situazione.

Anu, il dio del cielo infinito, ti accompagna in questo viaggio, ti ispira a **diventare un faro per chi è pronto a vedere la luce**. Sei destinata a lasciare un'impronta, a portare un cambiamento, a elevare la tua anima fino a raggiungere le stelle. Il numero 4 è il tuo sigillo e la tua guida, un invito a scoprire che le strade meno battute sono quelle che portano alle scoperte più incredibili.

Numero 5 Caldeo: l'Influenza di Mercurio e la Benedizione di Nabu

Il numero 5, secondo la numerologia caldea, è sotto la guida fluida e cangiante di Mercurio, il pianeta dell'adattabilità, del movimento e della comunicazione. Ma non solo. Mercurio è il tramite tra il mondo degli uomini e quello degli dèi, e si porta dietro l'energia vivace della divinità caldea **Nabu**, il dio della saggezza e dello scambio di idee. Nabu è colui che sa danzare tra i regni del visibile e dell'invisibile, e **tu, legata al numero 5, sei il suo riflesso** su questa Terra. Come lui, sei una messaggera, una tessitrice di connessioni che fluisce tra le persone e le situazioni con agilità.

La tua essenza è dinamica, inafferrabile, proprio come il vento che cambia direzione senza preavviso. Sei una creatura in costante movimento, una farfalla sociale che danza di fiore in fiore, raccogliendo esperienze, sensazioni, storie. Non c'è posto dove tu non possa sentirti a tuo agio: hai il dono di adattarti e trasformarti in base all'ambiente in cui ti trovi. E se qualcuno cerca di trattenerti o di imprigionare il tuo spirito libero, presto si accorge che è impossibile. **Il numero 5 è libertà assoluta** e nessuna catena può fermare il tuo desiderio di esplorare.

Nabu, dio della saggezza e della scrittura, ti ispira a usare la parola come strumento di connessione e scoperta. **Sei una comunicatrice nata**. Le tue parole sanno come raggiungere il cuore delle persone, creando ponti tra mondi e visioni diverse. In amore, come nella vita, questa tua capacità ti rende irresistibile agli occhi di chi ti circonda. Sei quella persona che sa cosa dire e come dirlo, capace di adattare il tono, il ritmo, e persino l'essenza della conversazione per sintonizzarti con chi ti sta di fronte. **Con il numero 5 al tuo fianco, possiedi il dono**

dell'empatia comunicativa, un talento raro che ti permette di entrare in sintonia con il mondo emotivo degli altri.

Eppure, c'è un lato più profondo in te, un lato che forse conosci solo tu. Dietro alla tua apparenza leggera e alla tua incessante voglia di movimento, **si nasconde un bisogno di stabilità e sicurezza** che a volte ti sorprende. Mercurio, come pianeta, non può restare fermo a lungo; ha bisogno di correre, di esplorare, di lanciarsi in nuove avventure. Ma questa costante ricerca di novità può farti sentire irrequieta, e potresti trovarti a desiderare un rifugio, un luogo in cui riposare e trovare pace. Forse è per questo che, pur desiderando l'indipendenza, senti anche il bisogno di un amore che sappia accoglierti e donarti stabilità senza imprigionarti.

In amore, sei attratta da chi sa accettare il tuo lato libero e indipendente. Chi ama il numero 5 sa che deve essere pronto a correre accanto a te, a non trattenerti, a farti spazio per essere chi sei. Le relazioni per te devono essere una danza leggera, uno scambio continuo, senza rigidità né limiti. Hai bisogno di qualcuno che capisca che il tuo cuore è come un cielo che cambia colore a ogni ora del giorno. La stabilità, per te, non è una gabbia, ma piuttosto uno spazio sicuro dove poter ritornare quando sei pronta a fermarti.

Il numero 5 porta con sé l'energia del cambiamento e della trasformazione. Come Nabu, tu ti muovi tra le diverse realtà, passando da un'esperienza all'altra senza timore. Questo ti rende una persona estremamente versatile: riesci a cogliere il meglio da ogni situazione, a vedere possibilità dove gli altri vedono confini. **Sei una visionaria in continuo divenire**, sempre pronta ad abbracciare il nuovo, a imparare qualcosa di diverso, a sperimentare. Nulla ti ferma, perché sai che ogni esperienza, positiva o negativa, ti arricchisce e ti avvicina a una verità più grande.

In ambito professionale, questa tua capacità di adattamento è un dono prezioso. **Non ti limiti mai a un'unica prospettiva**. Mentre gli altri seguono una strada già tracciata, tu crei il tuo sentiero, esplorando percorsi che nessuno aveva notato. La tua mente è un universo in espansione, sempre alla ricerca di nuovi stimoli, nuove idee, nuovi orizzonti. E questo fa di te una persona speciale, capace di portare innovazione e freschezza in qualsiasi campo. Hai una naturale attitudine per i lavori che richiedono creatività e flessibilità, come l'arte, la comunicazione, il marketing, o qualsiasi altra attività in cui puoi esprimere il tuo spirito vivace e la tua mente brillante.

Eppure, proprio come Mercurio, anche tu hai bisogno di fare attenzione a non disperdere le tue energie. **La tua sete di novità, di scoperta, di libertà può a volte portarti a perdere la concentrazione**. Potresti trovarti a saltare da un progetto all'altro, da un'idea all'altra, senza riuscire a portare a termine ciò che avevi iniziato. Questa è una delle sfide del numero 5: imparare a trovare equilibrio tra il desiderio di esplorare e la necessità di fermarsi, di radicarsi. Nabu ti insegna che il vero potere non sta solo nel muoversi senza sosta, ma anche nel saper ascoltare il silenzio, nell'assaporare i momenti di pausa.

A livello spirituale, il numero 5 ti invita a esplorare dimensioni che vanno oltre la superficie. **La tua anima è curiosa, sempre in cerca di risposte, di verità nascoste**. Non ti accontenti mai delle spiegazioni convenzionali: senti che c'è sempre qualcosa di più, un mistero da svelare, un messaggio che attende di essere decifrato. Mercurio, come Nabu, è il dio dei messaggi, il tramite tra il visibile e l'invisibile, e questa sua qualità si riflette nella tua natura. Sei incline a esplorare il mondo dell'intuizione, della spiritualità, delle dimensioni sottili. Il numero 5 ti spinge a cercare la verità in ogni cosa, a non fermarti mai alla prima impressione.

In amore, come nella vita, cerchi una connessione profonda, ma libera. Il tuo partner ideale è qualcuno che ti comprenda e che sappia danzare con te, senza cercare di trattenerti o di limitare il tuo spirito. Desideri una relazione che sia come un dialogo infinito, una scoperta continua. La tua anima è sempre in viaggio, e hai bisogno di qualcuno che sappia apprezzare questo tuo lato, senza paura di perderti. **Chi ama il numero 5 deve essere pronto a condividere la tua avventura**, ad accogliere i tuoi cambiamenti, a rispettare il tuo bisogno di libertà.

Il messaggio di Mercurio e di Nabu per te è chiaro: **segui la tua curiosità, ascolta il richiamo del cambiamento, ma non dimenticare di trovare un punto di equilibrio**. Il numero 5 è un numero di trasformazione, di movimento, di esplorazione, ma anche di saggezza. La tua sfida è quella di imparare a unire la tua natura in continua evoluzione con una base stabile, un punto fermo a cui tornare quando senti il bisogno di ritrovarti.

In definitiva, il numero 5 è il numero delle anime in viaggio, di chi non ha paura di esplorare, di chi è sempre in cerca di nuove avventure. Mercurio ti guida con la sua energia vivace e intelligente, e Nabu ti ispira a cercare la saggezza in ogni esperienza, a trasformare ogni incontro in una lezione. La tua strada è unica, diversa, piena di scoperte. Il tuo cammino non sarà mai noioso, e anche se ti troverai a cambiare spesso direzione, saprai sempre come ritrovare te stessa.

Accogli la tua essenza, abbraccia il tuo desiderio di libertà, e continua a esplorare il mondo con la curiosità di chi sa che ogni esperienza porta con sé una verità. Il numero 5 è il tuo sigillo, il tuo invito a scoprire il mondo con occhi nuovi, a danzare tra le possibilità, a lasciare che ogni incontro, ogni luogo, ogni momento diventi parte del tuo percorso.

Numero 6 Caldeo: l'Influenza di Venere e la Benedizione di Ishtar

Il numero 6 nella numerologia caldea vibra sotto il fascino e l'influenza di Venere, l'astro della bellezza e della sensualità, il pianeta che, con il suo splendore, sembra sussurrarti all'orecchio promesse di armonia, piacere e attrazione. Questa energia venerea non è casuale; racchiude il legame con la divinità caldea **Ishtar**, dea dell'amore e della guerra, del desiderio e della fecondità, una forza che sa rendere irresistibile il numero 6. Ishtar era nota per la sua capacità di stregare e conquistare chiunque incontrasse, e chi è legato a questo numero spesso porta dentro di sé questo **fascino magnetico** che sembra emanare naturalmente.

Se il tuo numero è il 6, allora sai cosa vuol dire entrare in una stanza e catturare l'attenzione senza nemmeno proferire parola. Hai una presenza che difficilmente passa inosservata: gli altri sembrano attratti dalla tua aura come da una musica segreta, qualcosa che sfiora l'anima e fa vibrare le corde più sottili. È il tuo dono, il potere di affascinare, di portare equilibrio e bellezza, di addolcire e armonizzare. Non è un semplice capriccio degli astri, ma un'energia antica, che ti rende abile nel creare **connessioni che toccano il cuore** e legami che superano il solo aspetto superficiale.

Essere un numero 6 significa anche possedere un innato senso di bellezza e di grazia. Questa sensibilità si manifesta in molte forme: dall'amore per le arti alla capacità di apprezzare i dettagli estetici, fino alla naturale inclinazione a circondarti di oggetti che ti fanno sentire al sicuro e in pace. Venere, in te, è **voglia di serenità e rifugio**, ma anche di passione e conquista. A livello romantico, hai un'incredibile capacità di donarti all'altro con dedizione e cura, ma al contempo riesci a farti desiderare, rimanendo un po' misteriosa, avvolta in un fascino che non si lascia afferrare del tutto. Ami, ma il tuo amore deve rispettare il tuo bisogno di bellezza e armonia.

Ishtar non è solo la dea dell'amore, ma anche della guerra. Questa dualità scorre dentro di te: puoi essere dolce, amorevole, un rifugio sicuro per chi ami, ma al tempo stesso sai essere determinata e, all'occorrenza, perfino implacabile. Quando qualcuno tenta di disturbare la tua serenità o minaccia ciò che è caro al tuo cuore, sai mostrare una forza sorprendente, una forza che richiama la natura guerriera di Ishtar.

Questo lato oscuro, potente e protettivo, è il segreto che ti rende affascinante, perché pochi sospettano che dietro la tua dolcezza si celi una forza così decisa.

Nel mondo sociale, il tuo magnetismo naturale ti rende carismatica. Le persone sono attratte dal tuo modo di essere, dal tuo saper stare in equilibrio tra passione e dolcezza, tra fascino e stabilità.

Sai usare le parole come frecce delicate per influenzare gli altri senza mai risultare aggressiva. Hai una capacità unica di far sentire a proprio agio chi ti circonda, di far emergere il meglio dagli altri semplicemente con la tua presenza. Ma sai anche, e questo è il lato più intrigante, come **indirizzare il tuo fascino verso i tuoi obiettivi**, come se avessi una bussola interiore che ti guida, un desiderio di raggiungere ciò che ti sei prefissata con grazia, senza mai perdere il controllo.

E qui entra in gioco l'aspetto più sfidante del numero 6. **Questa stessa capacità di attrazione può trasformarsi in manipolazione**. Sei abile nel far sì che gli altri vedano ciò che vuoi che vedano, nel guidare le loro emozioni e reazioni per raggiungere i tuoi fini. In te vive un'intuizione profonda, una comprensione sottile delle dinamiche emotive e psicologiche, una dote che, se non usata con equilibrio, può spingerti a utilizzare il tuo potere in modo egoistico. Questo lato del numero 6 ti mette in guardia contro la tentazione di ottenere ciò che vuoi sfruttando le debolezze altrui. Ishtar, dopotutto, è anche la dea della passione impetuosa, e il confine tra il desiderio di armonia e la manipolazione può essere sottile.

Amare un numero 6 significa entrare in un mondo fatto di contrasti: passione e calma, dolcezza e forza. Chi si innamora di te non può fare a meno di sentirsi ammaliato, ma al tempo stesso deve accettare la sfida di conquistare il tuo cuore giorno dopo giorno. Non ti accontenti della superficialità, e un amore tiepido non è ciò che cerchi. Chi desidera starti accanto deve dimostrarti di meritare il tuo affetto, di capire la tua essenza. Eppure, anche tu senti a volte il bisogno di qualcuno che possa penetrarti a fondo, di qualcuno che riesca a vedere oltre il fascino apparente e ad abbracciare ogni lato di te, anche quelli che tu stessa fatichi a comprendere.

Il numero 6 ti rende **una compagna, una confidente, ma anche una guida** per coloro che cercano la bellezza nella vita. Hai il dono di trasformare gli ambienti, di infondere armonia ovunque tu vada. Sei spesso la persona a cui gli altri si rivolgono nei momenti di difficoltà, poiché emani una tranquillità che ha il potere di rassicurare, di far sentire chi ti è accanto come se fosse protetto.

E tu, in fondo, ami essere questa figura di riferimento, questo **centro di gravità affettuoso e rassicurante** per chi ti è caro.

Tuttavia, devi fare attenzione a non sacrificare troppo di te stessa per il benessere altrui. Il numero 6, con il suo richiamo alla bellezza e alla serenità, può spingerti a mettere le esigenze degli altri davanti alle tue, a sacrificare il tuo equilibrio per proteggere chi ami. Ma Venere ti insegna che l'amore più autentico non nasce dalla rinuncia, ma dall'equilibrio.

Devi imparare a dire no quando senti che qualcuno potrebbe approfittarsi della tua bontà, e a ricordarti che anche il tuo cuore merita attenzione, cura e rispetto.

Dal punto di vista professionale, il numero 6 ti rende una persona eccezionalmente **creativa e diplomatica**.

Sei attratta dalle professioni che permettono di esprimere il tuo senso estetico, come il design, l'arte, la moda o l'interior design. Eppure, anche nel mondo degli affari o delle professioni più tradizionali, sai come usare il tuo charme per creare sinergie, per rendere il lavoro un ambiente più piacevole e armonioso. La tua influenza si fa sentire anche senza clamore, portando cambiamenti positivi e un senso di bellezza nelle situazioni che sembravano aride.

In sintesi, il numero 6 è un inno alla bellezza, all'amore e alla protezione. Ti insegna che la vita può essere uno spazio di dolcezza, di serenità e di equilibrio, ma ti avverte anche di non dimenticare la tua forza interiore. Ishtar, con la sua natura duplice, ti ricorda che il potere dell'amore è reale solo quando si accompagna alla consapevolezza dei tuoi confini, della tua integrità e del tuo valore. **Abbraccia la tua natura venerea, lascia che il tuo fascino e la tua dolcezza tocchino gli altri, ma non sacrificare mai la tua essenza.**

In fondo, il tuo viaggio è un viaggio alla scoperta dell'amore vero: quello che nasce non dalla dipendenza o dalla paura, ma dalla forza e dalla libertà.

Numero 7 Caldeo: l'Influenza di Nettuno e la Benedizione di Ea

Il numero caldeo 7 è avvolto dal fascino di Nettuno, il pianeta delle profondità invisibili e della saggezza nascosta, un'influenza che rende questo numero particolarmente misterioso. **Se senti il richiamo del 7, allora sei in sintonia con l'energia delle acque eterne**, che scorrono silenziose, invisibili, ma mai inerti. Governato dalla divinità Ea, il dio babilonese delle acque e della saggezza occulta, il numero 7 porta in sé la curiosità del mistico, la sete di risposte che nessun altro osa cercare e la percezione sottile di ciò che si nasconde tra le pieghe della realtà.

Essere un numero 7 significa percepire il mondo attraverso un filtro speciale: un velo che lascia trasparire il visibile, ma non può occultare il non visto. Sei il tipo di persona che non si accontenta mai delle risposte semplici, perché intuisci che c'è sempre qualcosa di più. Un mistero celato nelle parole degli altri, un segreto che aspetta di essere svelato nei gesti, un messaggio nell'ombra delle cose non dette. Come Nettuno e come Ea, ti muovi con grazia nel mondo degli archetipi, delle emozioni e dei simboli, e lo fai con una naturalezza che agli altri può sembrare incomprensibile.

Il 7 è il numero dell'introspezione, del ritiro e della solitudine sacra. **Non temi la solitudine, anzi, ne fai il tuo santuario, il luogo dove riesci a svelare i misteri del tuo mondo interiore**. Se sei un numero 7, probabilmente ti trovi spesso a riflettere a lungo su ciò che vedi e senti, a scavare sotto la superficie degli eventi e delle parole. Questa profondità ti rende, a volte, una figura enigmatica agli occhi degli altri, una persona che può sembrare difficile da capire ma che, in realtà, possiede una sensibilità fuori dal comune.

L'intuizione è il tuo dono segreto, la bussola che ti guida tra le correnti invisibili della vita. Riesci a percepire le emozioni degli altri, anche quando tentano di mascherarle. Sai intuire le intenzioni nascoste e, spesso, senti una verità emergere molto prima che questa si manifesti nel mondo materiale. Nettuno ti ha donato la capacità di vedere al di là delle apparenze, e il tuo cuore e la tua mente sanno cogliere i dettagli più sottili. Questa intuizione non è solo una semplice sensazione, ma una vera e propria visione, come un flash che ti rivela ciò che si cela dietro le maschere della realtà.

Ma questa sensibilità ha un prezzo. **Il tuo cammino è spesso segnato dalla sfida di comprendere ciò che è reale e ciò che è illusorio**. Nettuno, pianeta di sogni e visioni, ti invita a esplorare i confini tra il vero e il falso, tra il tangibile e l'etereo. Questo significa che puoi trovarti a vacillare, a dubitare di ciò che percepisci, a chiederti se le tue intuizioni sono veritiere o frutto di un'immaginazione troppo fervida. Il 7 ti mette di fronte a questa prova, spingendoti a sviluppare una saggezza solida, una fiducia in te stessa che solo il tempo e l'esperienza possono portare.

Essere un numero 7 significa anche sentire un richiamo forte verso tutto ciò che è misterioso e occulto. Sei attratta da ciò che gli altri evitano o considerano proibito: **le pratiche esoteriche, le discipline spirituali, il mondo dell'inconscio e dei sogni**. Nettuno, con la sua forza magnetica, ti guida a esplorare la tua psiche, a decifrare i messaggi dell'inconscio e a penetrare nei regni della spiritualità più profonda. Non sei una persona che si ferma alla superficie delle cose: tu vuoi conoscere le radici, vuoi arrivare al cuore del mistero, qualunque esso sia. Ea, il dio delle profondità marine, risveglia in te una fame di conoscenza sacra, di sapienza dimenticata.

Il tuo legame con la spiritualità è unico, profondo, e spesso solitario. Se sei un numero 7, probabilmente senti che il tuo percorso di vita non è del tutto convenzionale. Forse hai sempre avvertito una leggera distanza tra te e gli altri, come se tu percepissi la vita su una frequenza diversa. Questo distacco non è mancanza di amore o empatia, ma una forma di protezione, un modo per custodire il tuo mondo interiore che è così prezioso e delicato. Il 7 ti chiede di rispettare questa tua unicità, di accettare che la tua via spirituale può essere diversa da quella degli altri, e che il tuo compito è quello di cercare e preservare la verità che hai scoperto dentro di te.

Tuttavia, **questa ricerca di verità e profondità può portarti anche a una forma di isolamento**. La tua visione della vita, più sensibile e attenta di quella comune, ti porta a sentire emozioni intense, che possono rendere difficile condividere il tuo mondo con chi non riesce a comprenderti a fondo. A volte ti sentirai sola, incompresa, quasi come se fossi sospesa tra due mondi: quello visibile e quello invisibile. Questa solitudine, però, non è priva di significato. È il terreno fertile in cui il 7 pianta i semi della tua saggezza interiore, della tua capacità di comprendere te stessa e gli altri con una profondità che solo pochi possono raggiungere.

Sul piano pratico, il numero 7 ti rende una persona che ricerca la conoscenza in ogni sua forma.

Sei attratta dagli studi, dall'arte, dalla filosofia, dalla scienza e dalla spiritualità. Ami osservare, ascoltare e raccogliere informazioni, e il tuo approccio alla vita è simile a quello di un esploratore: ti immergi in tutto ciò che può offrire una risposta o una nuova prospettiva. **Ti interessa tutto ciò che può nutrire la tua anima, tutto ciò che ha un senso più profondo**. Anche se la tua natura ti spinge verso l'isolamento, è proprio in questo ritiro che trovi il tuo nutrimento spirituale.

Sul piano sentimentale, però, la vita di un numero 7 può essere complessa. **Il tuo cuore è profondo, misterioso, e desidera un amore che sia altrettanto autentico e intenso**. Non sei interessata a relazioni superficiali; preferisci la verità, anche se fa male, piuttosto che l'illusione dolceamara di un amore senza sostanza. Tuttavia, spesso incontri persone che non sono pronte a scendere nella stessa profondità emotiva che per te è naturale, e questo può lasciarti con un senso di vuoto, di delusione. Cerchi un'anima affine, qualcuno che sappia guardarti negli occhi e vedere oltre, qualcuno che sappia apprezzare la tua natura complessa, senza cercare di cambiarla o limitarla.

In una relazione, il tuo bisogno di introspezione può essere visto come distanza, ma chi ti ama veramente capirà che questo è il tuo modo di ritrovare te stessa.

Non chiedi a chi ti ama di colmare i tuoi vuoti, perché sai che solo tu puoi farlo. Ma chiedi comprensione, chiedi pazienza e, soprattutto, chiedi rispetto per il tuo bisogno di silenzio e di spazio personale. Se trovi qualcuno che rispetta questo tuo bisogno, sarai capace di donare un amore che va al di là delle parole, un amore che scava nel profondo e trasforma.

Infine, il numero 7 ti insegna il valore dell'autenticità e della coerenza interiore.

Non ti interessa conformarti agli altri, né seguire una strada che non senti tua. Sei qui per cercare la tua verità, per costruire la tua visione del mondo e per onorare la tua anima in tutta la sua complessità. Nettuno ti guida, e con lui anche Ea, il dio delle acque profonde, ti invita a non avere paura di immergerti nelle tue emozioni, nei tuoi sogni e nella tua intuizione. Ti invita a esplorare ogni aspetto della tua esistenza, senza temere di perdere il contatto con la realtà, perché solo così puoi trovare la tua vera essenza.

Il numero 7, dunque, è un invito a **seguire il tuo cuore, a esplorare senza paura il mistero dell'anima**. È la promessa che, anche se il tuo cammino è solitario, esso è ricco di significato e di rivelazioni preziose.

Il tuo viaggio è quello di un'esploratrice dello spirito, una ricercatrice che non si ferma mai, perché sa che il vero tesoro è nascosto in profondità, e che la sua luce è destinata a brillare, anche se solo per pochi eletti.

Numero 8 Caldeo: l'Influenza di Saturno e la Benedizione di Ninurta

Il numero 8 caldeo è avvolto dal fascino austero e potente di Saturno, il signore della struttura, della disciplina e della saggezza conquistata attraverso l'esperienza. Governato dalla divinità caldea Ninurta, il dio della giustizia e delle imprese audaci, l'8 incarna l'essenza della determinazione, della perseveranza e dell'autorità. Chi è segnato da questo numero non cammina su sentieri facili, ma sente il richiamo dei compiti gravosi e delle grandi responsabilità. **Essere un 8 significa accettare un destino fatto di prove**, di sfide che forgiano il carattere e di traguardi che, se raggiunti, possono lasciare un segno indelebile nel mondo.

L'influenza di Saturno trasforma l'8 in un costruttore, un architetto delle fondamenta solide, che sa che per innalzare qualcosa di duraturo deve partire dalle radici. Le persone legate a questo numero sono spesso quelle che si assumono le responsabilità di cui gli altri fuggono. Sanno cosa vuol dire sacrificarsi per una causa, per un progetto, per un obiettivo, e si dedicano a questo con una determinazione incrollabile. Non si tratta solo di ambizione, ma di un profondo senso di **dovere verso se stessi e verso il proprio cammino**. Essere un 8 significa comprendere che la vera forza nasce dal superare i propri limiti, dall'andare oltre le proprie paure e dal costruire qualcosa di tangibile, di reale.

Il 8 porta con sé un fascino magnetico, **una forza che non ha bisogno di essere ostentata, perché è radicata in un profondo senso di integrità**. Le persone segnate da questo numero non cercano approvazione o applausi, perché la loro soddisfazione risiede nel completamento del loro compito, non nei riconoscimenti. Saturno insegna loro che il vero potere non è rumoroso, ma silenzioso e persistente, un fuoco che brucia lento, ma che non si estingue mai. Questa perseveranza è ciò che rende il numero 8 un leader naturale, qualcuno che gli altri guardano con ammirazione e rispetto, anche se spesso a distanza, intimoriti dall'intensità della sua aura.

Chi risuona con l'energia dell'8 sa che **ogni passo avanti è guadagnato con fatica**, che nulla nella vita viene dato gratuitamente, e che i veri successi richiedono sacrificio. Spesso, queste persone si trovano ad affrontare sfide che appaiono ingiuste o sproporzionate, quasi come se il destino stesso le mettesse alla prova. Ma questo è proprio il dono segreto di Saturno: le prove non sono intese a scoraggiare, ma a fortificare, a forgiare un'anima capace di resistere e di trionfare. **Ninurta**, la divinità caldea di Saturno, simboleggia questa energia di lotta e resilienza: è il dio che scende nei campi di battaglia e ritorna vittorioso, un esempio di tenacia per chiunque si senta attratto dal numero 8.

Il numero 8 rappresenta, dunque, un equilibrio tra autorità e responsabilità. **Essere un 8 significa incarnare il principio dell'autorità non per dominare, ma per guidare, non per controllare, ma per costruire**. Chi appartiene a questa energia comprende che il vero leader è colui che si assume il peso delle decisioni, che è pronto a fare il passo avanti quando gli altri esitano, e che sa come mantenere la calma nelle tempeste più turbolente. Le persone influenzate dall'8 sono come rocce: stabili, immutabili, capaci di resistere ai venti e alle intemperie senza vacillare.

In amore, il cammino di chi è segnato dal numero 8 non è semplice. **Il loro cuore è disciplinato come la loro mente**, e non si aprono facilmente alle emozioni. Sono cauti, riservati, e spesso si trovano intrappolati tra il desiderio di connessione e la paura di perdere il controllo. Chi ama un 8 deve essere paziente, deve rispettare i suoi tempi e capire che ogni apertura è un atto di fiducia guadagnato, un dono che richiede reciprocità e lealtà. Gli 8 non amano le relazioni superficiali; preferiscono la stabilità, l'impegno, e cercano qualcuno con cui costruire un legame solido e profondo.

Ma **Saturno richiede sempre un prezzo**, e il suo prezzo è la pazienza, la tolleranza, la capacità di sopportare momenti di isolamento e introspezione. Gli 8 non sono immuni dalla solitudine; anzi, spesso la solitudine è il loro santuario, il luogo in cui si ricaricano, in cui riflettono sulle proprie azioni e si riconnettono con il loro scopo. Chi ha l'8 come numero guida si sente spinto a migliorare, a raggiungere la propria versione più elevata, e sa che per farlo deve confrontarsi con se stesso, affrontare le proprie ombre e accettare le proprie fragilità.

Il numero 8 è anche simbolo di **stabilità materiale e di abbondanza**. Queste persone sono spesso attratte dal successo professionale e finanziario, non per semplice ambizione, ma perché vedono nella prosperità una forma di sicurezza e di libertà. La disciplina di Saturno li guida in questa direzione, insegnando loro che ogni risorsa accumulata deve essere usata con saggezza, che ogni guadagno è il frutto di un lavoro diligente e attento. Tuttavia, questo desiderio di stabilità può anche trasformarsi in una trappola, poiché il timore di perdere ciò che si è costruito può generare ansia e paura del cambiamento.

Essere un 8 significa, infine, accettare che la propria vita sarà un **viaggio di trasformazione continua**, in cui ogni ostacolo è un'opportunità per crescere e per rafforzarsi. L'autorità dell'8 non è mai data per scontata; è guadagnata giorno dopo giorno, attraverso scelte ponderate e azioni coerenti. Il successo di un 8 non è un evento fortuito, ma il risultato di una perseveranza inarrestabile, di una capacità di resistere anche quando tutto sembra andare contro.

Saturno, con la sua energia severa e inflessibile, insegna al numero 8 che **il vero potere risiede nella resilienza**. Gli 8 imparano a dominare se stessi, a governare le proprie emozioni e a disciplinare la propria mente, non per egoismo, ma per il desiderio di essere una forza stabile e affidabile per coloro che amano. Ninurta li ispira a diventare guerrieri della loro stessa vita, a combattere le loro battaglie interiori e a non rinunciare mai al proprio cammino, per quanto possa essere difficile o incerto.

Per chi risuona con l'8, la chiave del proprio destino è comprendere che ogni sfida è una prova, ogni sconfitta un insegnamento e ogni vittoria un passo verso una realizzazione più grande. La loro missione è imparare a fidarsi di sé stessi, a costruire senza sosta, e a usare il proprio potere con saggezza e compassione. **Essere un 8 significa trovare un equilibrio tra ambizione e umiltà**, tra forza e vulnerabilità, tra l'autorità esterna e la pace interiore.

Alla fine, il numero 8 rappresenta un viaggio che porta alla conoscenza di sé stessi, un viaggio in cui la vera ricchezza è interiore e in cui la vera vittoria è la capacità di rimanere fedeli a ciò che si è, senza compromessi. E così, sotto la guida di Saturno e Ninurta, gli 8 avanzano, consapevoli che ogni ostacolo li rende più forti, ogni errore più saggi, e ogni passo, per quanto difficile, li avvicina sempre di più alla loro autentica essenza.

Numero 9 Caldeo: l'Influenza di Marte e la Benedizione di Nergal

Il numero 9 caldeo, illuminato dalla forza impetuosa di Marte, è la vibrazione dei guerrieri e delle anime che lottano per la giustizia. Questo numero risuona di coraggio, integrità e di un'instancabile energia che spinge chi ne è toccato a guardare la vita come una sfida da affrontare, una missione da compiere. **Essere un 9 significa incarnare il coraggio di chi non teme il confronto**, di chi non si tira indietro quando è il momento di dire la verità o di prendere posizione per difendere ciò che è giusto. Chi ha il 9 come numero guida si muove tra la passione e la volontà, tra l'impulso di agire e il desiderio di proteggere.

Marte, pianeta del fuoco e della guerra, influisce profondamente su questo numero. E con Marte c'è anche **Nergal**, il dio caldeo della distruzione e della rinascita, la divinità che guida i guerrieri nel cammino della vita e nelle lotte contro le proprie ombre. Questo accostamento rende il numero 9 una forza straordinaria, capace di trasformare la realtà con le proprie mani. Non c'è spazio per la mediocrità: il 9 vive intensamente, trascinato da una fiamma interiore che arde in modo indomabile.

L'energia del numero 9 è audace, sempre pronta a spingersi al limite, a sondare i confini del possibile. **La vita di un 9 è una continua prova di carattere**: è chiamato a percorrere sentieri difficili, a combattere per i propri ideali, e a rimanere fedele a ciò che sente come vero e giusto. I nati sotto questa vibrazione possiedono una volontà d'acciaio e una determinazione che li rende capaci di superare anche le sfide più ardue. Non si accontentano di ruoli passivi, ma cercano sempre di essere protagonisti, di lasciare il segno.

Per chi sente l'influenza del 9, **la giustizia non è solo un ideale astratto, ma una missione personale**. Sono persone che amano le battaglie giuste, che non temono di alzare la voce contro le ingiustizie. Anzi, traggono energia dalla lotta stessa, come se ogni ostacolo fosse una spinta verso la propria evoluzione. Nergal, la divinità associata a Marte, rappresenta la volontà di trasformare e di superare se stessi: è il dio che distrugge per rigenerare, che scava in profondità per riportare alla luce la verità.

La presenza del 9 nella propria vita comporta un cammino fatto di sfide e rinascite. **Questi individui non hanno paura di rompere con il passato**, di distruggere ciò che non risuona più con la loro essenza, e di ricostruire su basi più autentiche. Sono pronti a bruciare i ponti con il passato per andare avanti, spinti da una sete di verità e autenticità che non può essere ignorata. Questo richiamo alla trasformazione continua è una delle caratteristiche più potenti del numero 9: chi lo porta con sé sa che nulla è permanente, che la vita è un flusso incessante di cambiamento.

In amore, il numero 9 può essere una forza travolgente. Chi risuona con questa energia ama intensamente, senza riserve, e spesso si dona completamente al partner. Tuttavia, la loro natura impulsiva e passionale può renderli difficili da capire e da gestire. Non sopportano le mezze misure, né in amore né in amicizia. Se amano, lo fanno con l'intero cuore; se si allontanano, è perché hanno percepito una mancanza di sincerità o di rispetto. Un 9 ha bisogno di un partner che sappia accogliere la sua natura intensa e appassionata, che sia disposto a stare al suo fianco nelle sfide della vita.

La lezione del numero 9 è, infatti, **imparare a bilanciare forza e compassione**. Marte insegna a combattere, a non arrendersi mai, ma allo stesso tempo richiede che il guerriero sviluppi anche una sensibilità profonda per l'umanità. Il vero 9 non è solo un combattente, ma un difensore della verità, un paladino che sa quanto il potere della giustizia possa cambiare le vite, portando luce dove prima c'era solo oscurità. Questo aspetto compassionevole è un dono prezioso per chi porta l'energia del numero 9, perché permette loro di bilanciare la loro determinazione con una profonda empatia per il prossimo.

Nergal, come Marte, incarna il lato oscuro e luminoso del numero 9. **Egli non è solo il dio della guerra, ma anche della guarigione attraverso la distruzione**. Per il 9, questa dualità è fondamentale: imparare a usare la propria forza non solo per se stessi, ma per creare un impatto positivo nel mondo. Chi vive sotto l'influenza di questo numero può trovarsi spesso in ruoli che richiedono un grande senso di responsabilità e integrità: leader, avvocati, attivisti, insegnanti. Ogni campo che permette loro di mettere al servizio degli altri la propria energia è uno spazio naturale in cui fioriscono.

Il numero 9 è anche un simbolo di karma, un richiamo a seguire il proprio percorso senza temere le conseguenze, consapevoli che ogni azione lascia un'impronta. Per chi è segnato da questa vibrazione, il concetto di karma non è solo una legge cosmica, ma una guida morale che li sprona a vivere in maniera autentica, a essere fedeli alla propria parola e a rimanere saldi nei propri valori. Il 9 sa che ciò che si dà al mondo tornerà indietro, e per questo cerca di agire sempre con rettitudine, anche quando le circostanze sembrano giocare contro di lui.

L'essenza del 9 è una fiamma che arde e che trasforma. **È la forza del guerriero spirituale**, che non lotta per se stesso, ma per una causa più grande, che va oltre l'ego e oltre il bisogno di riconoscimento. Chi incarna il numero 9 sente la chiamata ad agire per il bene collettivo, a difendere i più deboli, a combattere per coloro che non possono difendersi da soli. E in questo trovare il proprio scopo, la propria verità.Infine, l'energia del numero 9 è un viaggio di scoperta interiore, una sfida continua che porta chi ne è toccato a scoprire le proprie profondità e a confrontarsi con le proprie ombre. Il numero 9 insegna che **la vera forza non è solo fisica, ma soprattutto spirituale**. Il guerriero del 9 è colui che sa che il coraggio non è assenza di paura, ma la capacità di andare avanti nonostante la paura. È un'energia che chiede di lasciare andare, di sacrificare l'ego per un fine più alto, e di essere pronti a rinascere ogni volta che la vita lo richiede.

Sotto l'influenza di Marte e di Nergal, il numero 9 diventa una forza trascinante che sfida i limiti, che spinge verso l'ignoto con il cuore saldo e la mente lucida. Il suo cammino è fatto di sfide, di scontri e di vittorie, ma anche di momenti di introspezione e di pace ritrovata. Essere un 9 significa vivere intensamente, significa guardare la vita con occhi audaci, senza mai piegarsi, ma sempre pronti a rialzarsi. Il loro destino è quello dei guerrieri, dei cercatori di verità, degli spiriti liberi che trovano, nell'equilibrio tra forza e compassione, la loro vera grandezza.

CALCOLI NUMEROLOGICI CON IL SISTEMA CALDEO

Una delle più grandi sfide, quando si intraprende il viaggio nella numerologia caldea, è **comprendere il linguaggio segreto dei numeri**. Forse hai già iniziato a esplorare questo mondo affascinante, ma ti sei sentita confusa, persa nei calcoli e nelle formule, senza riuscire a cogliere il vero potere che i numeri possono avere sulla tua vita. Molti studenti alle prime armi si trovano proprio in questo punto. La numerologia caldea non è solo un sistema di conteggi; è un linguaggio astrale, un codice che collega i numeri alle energie cosmiche, a mondi invisibili, alla tua stessa essenza. Ma come interpretare un sistema così complesso? **Come dare senso ai numeri** se non conosci il loro spirito profondo, il loro significato astrale? E come potrebbero guidarti se non sai ancora cosa cerchi veramente?

È facile cadere nell'errore di concentrarsi solo sui calcoli, sulle somme, sulle tecniche che ti permettono di applicare il sistema numerologico, dimenticando che ogni numero porta in sé una vibrazione che va sentita e compresa prima di essere misurata. Molti dei "fuffa guru" che affollano questo campo si fermano ai numeri come fossero solo strumenti di calcolo, ignorando la dimensione spirituale. Ma cosa ti può offrire un numero se non conosci il suo significato profondo? **Come puoi decifrare il tuo**

destino o trovare risposte nell'esoterismo se non sai come far risuonare i numeri nella tua anima?

Per questo motivo ho scelto di portarti per mano, lentamente, nel cuore della numerologia caldea. Prima di entrare nei calcoli, esploreremo insieme l'anima di ogni numero. Ogni numero ha la propria energia, collegata a un pianeta, a una divinità antica, a una vibrazione specifica. È solo così, comprendendo il respiro dei numeri, che potrai davvero applicare la numerologia caldea alla tua vita. **I numeri parlano, ma solo se sei pronta ad ascoltarli**. Nel corso di questo viaggio, non troverai solo formule o metodi di calcolo. Troverai una guida che ti svela, passo dopo passo, **come interpretare le implicazioni esoteriche di ogni numero**. Scoprirai che i numeri, in realtà, sono come portali che possono aprire la tua coscienza a verità più grandi. Imparerai a sentire ogni numero come una presenza, un simbolo che vibra in te e che risuona con il tuo vissuto. È come se ogni cifra potesse raccontarti un pezzo di te, illuminare i tuoi percorsi e sussurrarti dove andare. Questa non è la numerologia che trovi nei manuali convenzionali. **Qui, i numeri diventano compagni di viaggio**. Immagina ogni numero come una stella nel tuo cielo interiore, che illumina i sentieri della tua anima. Prima di misurare, devi sentire. Prima di sommare, devi ascoltare. Ogni numero rappresenta un'energia cosmica, e comprenderla ti aiuterà a portare luce nelle ombre della tua vita. Il sistema caldeo è più antico di quanto puoi immaginare. Porta con sé il sapere dei sacerdoti e degli astrologi, di coloro che vivevano in comunione con le stelle e i pianeti. **I numeri, secondo i Caldei, sono messaggeri**. Ogni numero contiene un messaggio specifico, una verità nascosta. Quando inizi a vedere i numeri in questo modo, ti rendi conto che non sono solo strumenti per fare previsioni o per cercare di comprendere il futuro. I numeri diventano chiavi, che aprono porte interiori, che rivelano segreti che forse tu stessa ignoravi di custodire.

ibrazione ed esoterismo dei numeri

Hai mai percepito la vibrazione nascosta che emani solo pronunciando il tuo nome? Ogni volta che lo fai, attivi una melodia di energie esoteriche, un insieme di vibrazioni che si legano a te come una firma invisibile. **Nella numerologia caldea, ogni nome ha una frequenza unica**, una risonanza che racconta chi sei e cosa porti con te nel mondo.

Questa antica numerologia non si limita a numeri e calcoli; va molto oltre, esplorando il legame tra il microcosmo - il tuo essere interiore - e il macrocosmo - l'universo e le sue leggi. **I numeri non sono solo simboli matematici: sono frammenti di stelle e pianeti**, portano con sé virtù astrologiche che si imprimono nei nomi e nelle lettere. Questo fa sì che il tuo nome non sia solo un insieme di lettere, ma una sorta di talismano magico che vibra costantemente, infondendoti le sue virtù e i suoi poteri.

L'esoterismo ha sempre studiato questa connessione tra il grande e il piccolo, tra l'universo vasto e il mondo intimo di ognuno di noi. **Ogni numero rappresenta una forza celeste** che influenza non solo il tuo destino, ma anche la tua personalità, le tue relazioni, e persino il modo in cui gli altri percepiscono la tua presenza. In questo scambio costante tra energie cosmiche e interiori, i numeri si fondono con le lettere, dando vita a una combinazione unica che risuona nel tuo nome, come un mantra che ti rappresenta.

Immagina il suono di una campana che risuona e si espande nell'aria. **Le lettere e i numeri nel tuo nome agiscono in modo simile**, emettendo vibrazioni che influenzano il modo in cui ti presenti agli altri e come essi ti percepiscono. Ogni parola che pronunci porta con sé un'onda energetica, e ogni lettera e numero nel tuo nome comunica una parte di te, creando una frequenza che si diffonde intorno a te, lasciando traccia. È come se il tuo nome fosse una melodia che pochi possono decifrare, una nota che porta le tue virtù e i tuoi segreti, visibili solo a chi sa ascoltare veramente.

Ogni lettera del tuo nome ha un significato e una storia, e quando la colleghiamo a un numero, questa storia prende forma. Ogni numero, legato a un pianeta, imprime una virtù esoterica nelle lettere, creando schemi e risonanze. Ecco perché il nome che porti parla di te. Un nome non è mai casuale; è un intreccio di forze che attrai e porti nel mondo.

Pensa al tuo nome come una porta: alcuni potrebbero percepire solo la facciata, ma chi sa interpretare le energie nascoste nelle lettere può aprirla e scoprire cosa si cela al suo interno. Quando pronunciamo il nostro nome, evochiamo le energie dei numeri che rappresentano le lettere, dando vita a una corrente di forza che non solo influenza il modo in cui siamo percepiti, ma che ci accompagna come una guida, una sorta di guardiano invisibile.

Immagina di poter vedere ogni numero che compone il tuo nome come un antico simbolo, **un ponte tra te e le forze cosmiche**. Ogni numero, in questo sistema esoterico, porta la sua virtù, la sua luce e anche le sue ombre. Non ci sono vibrazioni prive di sfumature, così come non c'è luce senza ombra. Alcuni numeri emanano energie positive, attraggono abbondanza e favoriscono la connessione spirituale; altri, quando entrano in disequilibrio, possono portare sfide e ostacoli, insegnandoti che ogni forza ha il suo lato oscuro.

Forse hai notato come, in certi giorni, sembri emanare più sicurezza, e in altri ti senti incerta, come se un velo coprisse la tua luce. Questo accade perché **i numeri e le lettere non sono statici**: come le stelle e i pianeti, anch'essi si muovono e mutano, riflettendo il tuo stato d'animo, i tuoi desideri, le tue paure. In questo modo, il tuo nome risuona in modo diverso ogni volta che lo pronunci, a seconda dell'energia che porti dentro di te.

Ci sono poi quei numeri che, più di altri, hanno un'influenza tanto potente da poter rivelare aspetti inaspettati, lati di te che forse neppure conosci. Le energie più forti, soprattutto quelle legate ai Numeri Maestri, portano con sé responsabilità e richiedono un equilibrio costante. Chi possiede queste vibrazioni intense sa quanto possa essere complesso gestirle. Un nome che contiene questi numeri ha il potere di attrarre un grande potenziale, ma anche di portare in superficie lati oscuri, forze che, se non riconosciute, possono manifestarsi in modi imprevisti. Ecco perché è così importante imparare a conoscere la propria vibrazione. Sapere quali energie si celano nel tuo nome ti dà il potere di comprendere il tuo percorso, di riconoscere quali virtù risvegli e quali sfide potresti incontrare. **La numerologia caldea ti permette di vedere oltre il visibile**, di andare oltre la superficie e di scoprire il potere che porti dentro di te.

Non stupirti se, man mano che apprendi, riconoscerai in te delle caratteristiche o dei tratti che prima ignoravi. Forse scoprirai di avere una forza inaspettata, o al contrario, una sensibilità che ti rende vulnerabile in certe situazioni. Ma ricorda che questa vulnerabilità può diventare la tua più grande risorsa, proprio come una luce che brilla solo nelle notti più buie. Se c'è una lezione che la numerologia caldea insegna, è che **ogni nome è un universo a sé**, un riflesso delle stelle, dei pianeti, delle energie cosmiche. Ogni numero imprime una virtù esoterica nelle lettere, donandoti qualità che potrai risvegliare o trasformare. Ogni nome è un invito a esplorare te stessa e a scoprire il potenziale nascosto, a rendere visibile ciò che è invisibile.

E così, il tuo nome diventa un ponte tra te e l'universo, una connessione viva che ti parla, ti guida, ti svela chi sei davvero.

Il sistema caldeo e il sistema pitagorico

Immagina per un momento che il tuo nome, quel semplice suono che ti definisce, sia molto più di una combinazione di lettere. Ogni parola, ogni lettera che compone il tuo nome, porta con sé una vibrazione, una traccia di energia che influisce su chi sei e su come vieni percepita. **Questo è uno dei segreti più potenti della numerologia caldea**: attraverso un antico linguaggio di simboli e numeri, i Caldei svelavano l'essenza nascosta dietro ogni nome, parola e suono.

Ma cosa rende il sistema caldeo così speciale? A differenza del sistema numerologico occidentale, che spesso si limita a una sequenza ordinata di numeri da 1 a 9, la numerologia caldea è nata da una comprensione esoterica molto più profonda. Per i Caldei, **ogni numero possedeva un'energia unica e sacra**, influenzata dalle vibrazioni del cosmo, dai pianeti e da quelle forze celesti che credevano agissero su di noi. Nel sistema caldeo, i numeri non sono solo simboli matematici; sono portatori di qualità esoteriche e virtù astrologiche che agiscono come veri e propri codici energetici.

Questo sistema numerologico si distingue anche per il rispetto che mostra verso il numero 9, un numero che i Caldei consideravano sacro e misterioso. Per loro, il 9 rappresentava l'infinito, l'eternità, poiché ogni sua moltiplicazione si ricongiunge sempre a se stesso. Questo rispetto lo ha escluso dalla normale tabella numerica, elevandolo a una dimensione quasi mistica. Ecco perché nel sistema caldeo, **il 9 non si trova tra i numeri usati per calcolare le lettere**, e compare solo nei totali, come un messaggero silenzioso dell'infinito.

A differenza del sistema pitagorico, che pone grande attenzione al nome di nascita, la numerologia caldea si concentra sul nome che usi attualmente, quello che risuona con l'energia di oggi, quella che ti accompagna nella vita quotidiana. Il nome con cui ti presenti, con cui vieni chiamata, **porta l'energia di chi sei in questo momento**. È come se questo nome catturasse le tue vibrazioni presenti, le forze che stai canalizzando ora, quelle che ti influenzano e ti guidano attraverso i giorni e le notti.

Pensaci: ogni volta che il tuo nome cambia, cambia anche l'energia che ti circonda. Matrimonio, divorzio, soprannomi... ogni nome crea una nuova impronta energetica, come una nota aggiunta alla tua melodia personale. Non è solo una questione di scelta o di convenzione sociale; è una trasformazione profonda che influenza i tuoi rapporti, i tuoi successi e i tuoi ostacoli. **Ogni nome è una porta che apre nuovi sentieri e possibilità**.

Questo è un sistema che non ha paragoni nel mondo numerologico. Il sistema caldeo è unico, profondo, misterioso, e ha radici che si perdono nel tempo. I simboli e i numeri che usiamo oggi sono il risultato di un lungo cammino che parte dal cuneiforme, l'antica scrittura dei Caldei, che era formata da segni lineari impressi su argilla bagnata. I Caldei usavano linee dritte non per caso: era il metodo più efficace per incidere rapidamente e con precisione su tavolette di argilla ancora morbide, conservando per secoli i loro messaggi e la loro conoscenza.

Questa conoscenza ha attraversato il tempo. Dal cuneiforme, è stata tramandata attraverso altre lingue e culture: dai geroglifici egiziani alle lettere greche, dalle iscrizioni latine fino all'alfabeto che conosciamo oggi. Ma l'essenza di ciò che i Caldei ci hanno donato, quella saggezza che guarda alle lettere e ai numeri come a strumenti di trasformazione, non è mai cambiata. È rimasta viva, un'arte segreta che possiamo ancora esplorare.

Oggi, il nostro alfabeto è molto più di un insieme di lettere. **È un linguaggio che parla la sua lingua**, e la numerologia caldea ha il potere di tradurre ciò che ci sta dicendo. Calcolare i tuoi numeri con questo sistema significa intraprendere un viaggio verso te stessa, un percorso in cui ogni simbolo, ogni cifra e ogni lettera diventa una guida verso la tua essenza più autentica. Il sistema caldeo non richiede calcoli complessi sulle vocali o consonanti; si basa su una comprensione profonda di ogni singola lettera, permettendoti di scoprire aspetti nascosti di te.

La numerologia caldea **non è un oracolo qualsiasi**. È uno strumento di autoconoscenza che ti svela come ti relazioni al mondo, come le tue energie risuonano con quelle che ti circondano e come tutto questo influenzi il tuo percorso. Con ogni calcolo, con ogni numero, impari a riconoscere ciò che di te è visibile e ciò che rimane nascosto. Ogni simbolo ti invita a guardare oltre, a non fermarti alla superficie, ma a esplorare le profondità della tua anima.

Questo sistema ti mostra il potere nascosto nelle lettere del tuo nome e ti permette di accedere a una consapevolezza che può trasformare il modo in cui vivi la tua vita. **Il tuo nome diventa il riflesso del tuo destino, una chiave segreta che apre le porte dell'invisibile**. Inizi a comprendere che le parole, proprio come i numeri, vivono, respirano e parlano. Esse portano con sé memorie e poteri, radicati nei secoli e nella terra, come se la loro stessa esistenza fosse legata alle stelle e ai pianeti.

La numerologia caldea è, dunque, **un viaggio sacro verso la tua identità profonda**. È un cammino che non richiede soltanto comprensione intellettuale, ma anche un'apertura di cuore e di spirito. Quando pronunciamo un nome, le vibrazioni di ogni lettera portano con sé l'energia delle virtù planetarie, trasmettendo una sorta di "impronta cosmica" su chi lo indossa. Il suono e il simbolo si fondono, e il nome diventa il sigillo che protegge e guida chi lo porta.

Immagina di poter scoprire il significato segreto delle lettere del tuo nome, di vederle come piccoli amuleti energetici, ciascuno con il suo potere. Ogni lettera racchiude un'intenzione, una virtù, una qualità che arricchisce il tuo percorso, e l'intero nome risuona come un incantesimo che attira ciò di cui hai bisogno e ti protegge da ciò che non ti serve. **In questo modo, la numerologia caldea diventa un rituale di connessione con l'universo**, un modo per radicarti nel presente e al tempo stesso espanderti verso il cosmo.

Ogni nome, dunque, è come un portale aperto verso il mistero. Le vibrazioni racchiuse nelle lettere e nei numeri diventano una danza di energie sottili, una canzone senza tempo che ci ricorda chi siamo e cosa siamo destinati a diventare. Non c'è nulla di casuale in ciò che il sistema caldeo rivela. Ogni suono, ogni simbolo è un frammento di un disegno più grande, una trama invisibile che unisce il tuo cammino al tutto.

Il grafico caldeo

Immergerti nei calcoli del sistema caldeo è come seguire un sentiero antico, una strada battuta da secoli di mistero e saggezza nascosta. Ogni lettera del tuo nome, ogni cifra che compone il tuo percorso di vita, si carica di una vibrazione unica, una verità che aspetta solo di essere svelata. Questo capitolo ti condurrà attraverso il processo di scoperta e connessione con l'essenza numerica del tuo nome, con l'energia che proietti nel mondo e con il messaggio che ogni lettera intende comunicarti.

Inizia dal nome che usi più frequentemente. Il sistema caldeo considera il nome attuale, quello che usi e che ti rappresenta nel mondo, poiché racchiude le vibrazioni che influenzano la tua vita quotidiana. Non importa il nome di battesimo registrato all'anagrafe; ciò che conta è la vibrazione attiva, quella che risuona ogni volta che qualcuno ti chiama o quando tu stessa ti presenti agli altri. Ogni volta che pronunciamo un nome, emettiamo una vibrazione che si imprime sull'energia circostante. **La numerologia caldea ti invita a esplorare proprio questa vibrazione attiva**, poiché è quella che rispecchia il tuo "qui e ora" e determina come vieni percepita e come interagisci con il mondo.

Prima di tutto, potresti trovare utile disegnare a mano una versione del grafico caldeo che userai per i calcoli. Tenere tra le mani questo strumento, lavorarci sopra, ti connetterà ancora di più all'antico sapere che stai per esplorare. **Ogni numero è una porta che si apre** verso qualità nascoste, verso potenziali in attesa di manifestarsi o verso lezioni karmiche che desiderano essere comprese. Non limitarti a vedere i numeri come simboli statici, ma considerali come energie vive, ciascuna portatrice di una particolare virtù astrologica.

Di seguito trovi la tabella di conversione caldea, da cui potrai attingere per associare ogni lettera del tuo nome al rispettivo numero. Questa è la chiave che ti permetterà di decifrare le vibrazioni intrinseche nel tuo nome:

1	2	3	4	5	6	7	8
A	B	G	D	E	U	O	F
Q	R	C	M	H	V	Z	P
Y	K	L	T	N	W		
I		S		X			
J							

Prenditi il tempo di annotare i numeri associati a ciascuna lettera del tuo nome e di calcolarne il totale. Ricorda: **il valore numerico del tuo nome non è solo una cifra; è una vibrazione che racchiude un messaggio per te.**

Unisce il microcosmo della tua essenza personale al macrocosmo, quel vasto sistema di energie planetarie che gli antichi Caldei osservavano nel cielo notturno. L'esoterismo si basa proprio su questo concetto: **le forze che agiscono nel cosmo risuonano anche dentro di te**. Ogni numero nel sistema caldeo rappresenta una qualità specifica, una virtù che si imprime nelle lettere e infonde il tuo nome di significati nascosti e simbolici.

Lavorare con questi numeri significa aprire gli occhi su di te come mai prima d'ora. Ogni cifra, ogni combinazione rivela un frammento del tuo essere interiore, una storia che solo tu puoi decifrare. **Il calcolo numerologico diventa un viaggio personale, una scoperta di come ogni aspetto della tua personalità risuoni con l'universo**.

Non lasciare che sia una semplice pratica intellettuale; lascia che diventi una danza intuitiva, un modo per ascoltare quella voce interna che forse hai trascurato per troppo tempo.

Nel sistema caldeo, una volta individuati i numeri, il passo successivo è capire le loro interazioni, le armonie o i contrasti che creano. Questi numeri rappresentano i dipartimenti della tua vita e riflettono sia i punti di forza che le sfide. Non temere se scopri che un numero o una combinazione porta con sé una lezione impegnativa. Le vibrazioni caldee non giudicano; ti offrono solo la possibilità di vedere con chiarezza, di abbracciare ogni aspetto di te stessa con amore e comprensione.

Concediti tempo per riflettere su ciò che emerge.

Questo processo non è fatto di risposte immediate o soluzioni preconfezionate; è un viaggio che ti invita a esplorare i messaggi silenziosi che ti hanno accompagnato per tutta la vita.

Quando osservi i tuoi numeri, non dimenticare che ogni cifra è lì per un motivo, un motivo che solo tu puoi comprendere nella sua completezza. Lascia che il significato emerga piano piano, senza fretta. A volte, una semplice associazione o una riflessione possono aprire porte insospettabili, rivelando connessioni e percorsi che mai avresti immaginato.

Tieni traccia dei tuoi risultati e delle intuizioni che ricevi lungo il percorso.

Questa pratica ti permetterà di vedere schemi e connessioni, di notare come ogni numero e ogni lettera costruiscano un mosaico, una mappa interiore unica e irripetibile. **Il riepilogo visivo finale sarà una chiave preziosa per comprendere le tue**

vibrazioni, le tue dinamiche, ciò che ti spinge a muoverti e ciò che ti radica.

Man mano che esplori questo sistema, ti renderai conto che ogni nome, ogni cifra, ogni combinazione di numeri è parte di un linguaggio segreto che l'universo usa per parlare a te.

La numerologia caldea è più di una scienza occulta; è una forma di autoconoscenza, un mezzo per riconoscere le parti più nascoste di te stessa. Abbraccia questo sapere con cuore aperto e lascia che i numeri ti conducano alla scoperta della tua vera essenza.

Analisi dei nomi con il sistema caldeo

Immagina di sederti davanti a un foglio bianco, con la penna in mano e il tuo nome completo scritto in stampatello. Questo è un momento intimo e potente, in cui stai per scoprire qualcosa di misterioso e profondo su te stessa.

Il tuo nome, così familiare eppure così pieno di segreti, è in realtà un codice. Un codice che, con l'aiuto della numerologia caldea, può rivelarti i tuoi tratti nascosti, le energie che porti con te, le sfide che sei chiamata a superare.

Prendi un foglio di carta ampio e dividi lo spazio tra nome, eventuale secondo nome e cognome. Lasciali respirare, lascia spazio tra di loro, perché ognuno di questi elementi parla di una parte diversa di te. Più in basso, scrivi il mese e il giorno della tua nascita, poiché anch'essi influiscono sulla vibrazione complessiva che ti rappresenta.

Ora, sopra ogni lettera del tuo nome, scrivi il numero corrispondente secondo la tradizionale tabella caldea.

Di seguito trovi un esempio di tabella di conversione con il nome "John Smith" per aiutarti a visualizzare il processo:

Lettera Numero Nome: J-O-H-N S-M-I-T-H

J	1	J (1)
O	7	O (7)
H	5	H (5)
N	5	N (5)
S	3	S (3)
M	4	M (4)
I	1	I (1)
T	4	T (4)
H	5	H (5)

Sotto ogni lettera, hai ora una cifra che rappresenta la vibrazione numerica di quella specifica lettera, e di conseguenza l'aspetto unico della tua personalità che si manifesta attraverso quella parte del tuo nome.

Sommare i Numeri per Ogni Nome

Il prossimo passo è sommare i numeri di ciascun nome individualmente. Somma le cifre di "John," poi passa a "Adam" (o un eventuale secondo nome), e infine somma le cifre di "Smith." **Ognuno di questi totali rappresenta un "numero secondario"**, un'indicazione separata e profonda di come ogni parte del tuo nome contribuisce alla tua energia complessiva.

Se il risultato è un numero a due cifre, somma queste due cifre fino a ridurlo a una singola cifra. Ripeti il processo per ciascun nome. Una volta ottenuto un numero per ciascuna parte del nome, scoprirai una vibrazione unica per ogni frammento di te. È come guardare i pezzi di un mosaico prima di vederli uniti in un disegno più grande.

Il Numero Totale del Nome

Ora unisci tutte le somme dei tuoi nomi per ottenere un singolo numero: **il Numero Totale del Nome**. Questo numero è il riflesso di te stessa, una fusione delle diverse parti della tua identità che, insieme, ti rappresentano completamente. Il Numero Totale del Nome racchiude il tuo "dono" universale, quell'energia fondamentale che hai portato su questa terra.

Questo numero rappresenta il tuo potenziale più elevato, le risorse interiori su cui puoi contare e anche le sfide che devi affrontare per realizzare la tua essenza autentica. È il numero che riecheggia nell'universo, rappresentando come vieni percepita non solo dalle persone ma dalle energie superiori e dalle vibrazioni intorno a te.

Il Significato dei Numeri Secondari

I numeri secondari, quelli derivati dai singoli nomi, portano con sé messaggi importanti. Potrebbero indicarti qualità latenti, aspetti da sviluppare o tratti da affrontare. **Questi numeri ti guidano come fari, rivelandoti il percorso** che puoi scegliere di intraprendere per diventare una versione più completa e appagante di te stessa.

Questi numeri ti aiutano a esplorare te stessa e a comprendere il potenziale racchiuso in ciascun nome. Il primo nome potrebbe sussurrarti delle tue inclinazioni creative, il secondo nome potrebbe parlarti dei tuoi legami profondi, mentre il cognome potrebbe custodire i segreti della tua forza interiore e delle tue radici.

In questo viaggio di decifrazione, non dimenticare che ogni numero ha una vibrazione legata alle energie dell'universo. Come le stelle influiscono sulle maree, così anche i numeri portano una carica magnetica che tocca le corde più profonde del tuo spirito. **Ogni somma e ogni numero non è solo un calcolo, ma un simbolo di chi sei**, e ti invita a risuonare con l'universo in modo consapevole.

Ogni volta che rivedi il tuo nome e scopri un numero, fermati un istante. Chiediti cosa significa per te, cosa evoca, e ascolta i pensieri e le intuizioni che affiorano. In questo processo, ti connetti a una rete invisibile di saggezza antica che ti guida e ti sorregge.

Annota tutto ciò che scopri e osserva come queste scoperte si connettono alla tua vita. Magari noterai delle sincronicità, delle coincidenze che sembrano casuali ma che parlano a un livello profondo. **Questo esercizio è un dialogo continuo con l'universo**, un modo per entrare in sintonia con la tua vibrazione più autentica.

Nel corso del tempo, potresti scoprire che il tuo Numero Totale del Nome ti offre una visione nuova della tua missione personale. Oppure, potresti trovare conforto nelle qualità che ciascun numero secondario rappresenta. Questa connessione numerica ti rende consapevole di chi sei, delle tue potenzialità, e di come tu possa camminare nel mondo come un'anima in sintonia con le forze cosmiche.

Esempio di Calcolo

Per aiutarti a visualizzare meglio, riportiamo qui il calcolo esemplificativo per il nome "John Smith":

1. Scrivi "John Smith" e utilizza la tabella di conversione per assegnare un numero a ogni lettera:
   - J (1), O (7), H (5), N (5) - totale: 1+7+5+5 = 18
   - S (3), M (4), I (1), T (4), H (5) - totale: 3+4+1+4+5 = 17
2. Riduci i totali a una sola cifra:
   - 18 diventa 1+8 = 9
   - 17 diventa 1+7 = 8
3. Unisci i numeri secondari per il Numero Totale del Nome:
   - 9 + 8 = 17, che si riduce ulteriormente a 1+7 = 8.

Il Numero Totale del Nome per "John Smith" è 8.

Questo numero rappresenta il quadro d'insieme: la vibrazione che porti nella tua intera esistenza. È il dono che l'universo ti ha conferito e, se scegli di connetterti a questa energia, potrai allinearti con il tuo scopo più alto. **Esplora e abbraccia questo numero come una guida**: ti parla della tua anima, dei talenti che puoi manifestare e delle sfide che ti trasformeranno.

Seguendo questi calcoli e riflettendo sui numeri che emergono, stai viaggiando dentro di te, decifrando i misteri che porti con te e aprendo nuove porte di consapevolezza e crescita.

Calcoli avanzati

Quando ci avviciniamo ai calcoli avanzati della numerologia caldea, entriamo in un territorio di profonda complessità, in cui ogni numero a più cifre si rivela come un mosaico. Ciascun elemento del numero - unità, decine, centinaia, migliaia - diventa un tassello che racconta una storia, e insieme creano un'immagine simbolica che illumina parti di te che forse non avevi mai esplorato. È qui che **l'essenza della numerologia caldea si manifesta davvero**: i numeri semplici, con cui inizi il cammino, sono solo il preludio. Sono la chiave di ingresso, il primo respiro di un linguaggio antico che ha radici nel tempo e nel cosmo.

Iniziare dai numeri singoli è fondamentale. Per chi è all'inizio di questo percorso, il consiglio è di concentrarsi sulla singola cifra, che porta con sé una vibrazione pura e semplice, un'energia diretta e immediata. La cifra singola è come una pietra preziosa che brilla di luce propria, facile da contemplare e da comprendere. Non è solo una guida, ma una vera e propria maestra che ti introduce alle prime risonanze della numerologia. Eppure, per chi si sente pronta a guardare più a fondo, esiste un sistema avanzato che va oltre le cifre isolate. Questo metodo unico, e raramente descritto altrove, ti permette di scomporre i numeri complessi per svelarne la loro essenza più intima.

Immagina ogni cifra come una nota musicale, e ogni posizione numerica - unità, decine, centinaia, migliaia - come un tono che varia l'intensità del messaggio. Nel sistema avanzato caldeo, le unità risuonano con la vibrazione del **numero 1**, rappresentando l'essenza pura e individuale, il "sé" originario. Le decine assumono la qualità del **numero 2**, portando con sé il significato della dualità, delle relazioni e della cooperazione. Le centinaia, sotto l'influenza del **numero 3**, sono il regno dell'espansione, dell'espressione e della creazione. Infine, le migliaia, associate al **numero 4**, parlano di fondamenta solide, della stabilità e delle strutture che sostengono tutto il resto.

Ogni cifra posizionata in questi piani non è casuale: riflette una dinamica unica, un equilibrio di forze che agisce sul tuo percorso. Ecco perché, ad esempio, un numero come 2019 può essere "letto" come 2 di migliaia, 0 di centinaia, 1 di decine, e 9 di unità. Ognuna di queste cifre ha il suo peso, e insieme creano una vibrazione specifica, un'energia che pulsa e vive in risonanza con la tua anima.

Ma ricorda, questa non è una corsa contro il tempo, e non serve affrettarsi a calcolare e interpretare numeri complessi o concetti come il Percorso Karmico o il Numero di Vita. **Ogni numero merita il suo spazio e il suo tempo per essere compreso**, proprio come ogni pensiero e ogni emozione ha bisogno di essere vissuta per rivelare la sua vera natura. Approfondire i numeri avanzati richiede esperienza e una base solida, una comprensione che va oltre la curiosità iniziale. È come scavare un pozzo: più vai a fondo, più la tua connessione con le acque sotterranee, le profondità nascoste del tuo essere, si intensifica.

Il sistema avanzato è a tua disposizione per quando sarai pronta, per quando il tuo sentiero ti porterà a voler scoprire quei simboli nascosti che solo i numeri complessi possono rivelare. Il cammino numerologico, in fondo, è un viaggio di crescita interiore, e la numerologia caldea ti invita a esplorare questi calcoli avanzati solo quando ti sentirai veramente sicura, come se ogni cifra e ogni valore avessero già preso vita nella tua mente e nel tuo cuore. Prendere tempo per assaporare ogni scoperta ti permetterà di costruire un legame autentico con i numeri, rendendo ogni interpretazione un passo in più nella tua evoluzione personale.

E come ogni percorso di consapevolezza, anche quello numerologico trova la sua bellezza nella pratica. Prenditi il tempo per esercitarti, sperimenta con i numeri e le vibrazioni che emergono dal tuo nome e dalla tua data di nascita. Lascia che ogni cifra sveli il suo significato lentamente, senza forzature. **È un viaggio di scoperta, e ogni numero ha un messaggio per te**: non avere fretta di svelarlo tutto e subito.

Quando sarai pronta per scoprire più a fondo i segreti di questa scienza antica, Templum Dianae sarà qui per accompagnarti. Rimani in contatto con noi per conoscere le future pubblicazioni sulla numerologia caldea e sulle arti esoteriche. Ogni tappa di questo percorso è una porta che si apre su nuovi mondi, e tu sei la custode delle chiavi.

ESERCIZI GUIDATI

Immagina di immergerti in uno spazio sospeso nel tempo, un luogo che esiste solo per te e le tue domande. **Un silenzio avvolgente** si posa attorno a te, come una nebbia sottile che sussurra verità antiche. In questo spazio di mistero e contemplazione, senti un richiamo. È qualcosa che ti attira, un'energia che vibra tra il cuore e la mente. Un segnale tenue, come un tocco invisibile, ti suggerisce che ci sono risposte — ma non nelle parole. Le risposte sono nei numeri.

Inizia così il tuo viaggio, un viaggio che ti chiede di fidarti dei tuoi sensi, di affinare la percezione per cogliere sfumature invisibili agli occhi. **I numeri non sono solo simboli**: sono portali, chiavi d'accesso a realtà sottili, misteri che ti chiamano a scoprire ciò che è nascosto. L'invito è semplice, ma profondo. Ti chiedo di lasciare andare il pensiero logico, di abbandonarti alla sensazione pura, all'energia sottile che scorre intorno a te. Prendi questi esercizi come una sorta di rito personale, uno spazio sacro dove potrai incontrare ogni cifra come un'amica, una guida.

Sei pronta a danzare con l'energia dei numeri? Non c'è fretta, non ci sono regole rigide. **Siediti comodamente** e lascia che il tuo respiro trovi un ritmo lento, profondo. Ogni espirazione ti porta un po' più vicina a questo spazio interiore, dove i numeri diventano vivi. Ecco i passi per iniziare. Non preoccuparti se all'inizio qualcosa non sembra chiaro o se il tuo cuore non coglie subito ogni segnale. Questo cammino è personale, intimo, e ogni incontro con un numero è un atto di pura fiducia.

Visualizzazione e meditazione.

Chiudi gli occhi. Respira profondamente e lascia che il mondo svanisca per un attimo, dissolvendosi nel silenzio. Sei in uno spazio che conosci bene, eppure, allo stesso tempo, ha un'aria misteriosa e segreta, come una stanza nascosta dentro di te. È qui che ogni numero sussurra, che ogni cifra rivela il suo segreto. Questo è un tempo dedicato a te, alla tua connessione con le energie profonde e sottili. Sei pronta a scoprire ciò che ogni numero può portare nella tua vita?

Inizia scegliendo un numero che ti attira, come fosse una nota musicale che risuona solo per te. Osserva quale numero ti richiama. Può essere uno legato alla tua data di nascita, o uno che incontri spesso, nelle coincidenze, nei sogni. Lasciati guidare dall'istinto. Non è il numero a essere scelto: è lui che ha scelto te, e tu rispondi al suo richiamo.

Immagina ora che il numero prenda forma, come una luce sospesa al centro del tuo essere. **Vedi questa luce chiara, vibrante**. È più di un semplice numero, è un'essenza viva. Come un fiore che si apre lentamente, lascia che il numero si mostri in tutta la sua energia. Senti la sua vibrazione: è una presenza che cresce, che si espande, fino a farsi chiara, quasi tangibile. Non avere fretta. Rimani in ascolto, senza bisogno di spiegare o interpretare. Il numero si farà capire.

Ora chiudi gli occhi e porta la tua attenzione al significato planetario del numero. Ogni numero nella numerologia caldea è **legato a un pianeta**, che ne infonde le caratteristiche. Se hai scelto il numero due, immagina l'energia della Luna. Percepiscila come una carezza fresca e profonda, come un'onda che sale lentamente, per poi ritirarsi dolcemente. Questa è l'energia lunare: calma, dolce, a volte misteriosa. Lascia che ti avvolga. Se hai scelto il numero cinque, senti l'energia veloce e imprevedibile di Mercurio, come una brezza frizzante che spinge i tuoi pensieri a fluire e a giocare, con leggerezza. Qualunque sia il numero che hai scelto, **connettiti con il pianeta che lo rappresenta**.

Rimani in questo spazio, in ascolto. Lascia che l'energia del numero si faccia strada dentro di te, senza cercare di controllarla. È un'energia sottile, ma potente. È come se il numero ti stesse parlando, ma non con parole. È un linguaggio fatto di vibrazioni, di intuizioni. **Lascia che sia lui a rivelarsi**. Non cercare di capire subito. C'è un tempo per ogni rivelazione, e adesso è il momento di ricevere, non di analizzare.

Ogni numero ha una frequenza, una voce unica che puoi percepire. È come se ti stesse mostrando una nuova lingua, una lingua fatta di energia. Riconoscere queste vibrazioni ti avvicina alla vera essenza di ogni numero. È una connessione che non ha bisogno di logica, solo di sensibilità. Permetti a te stessa di entrare in questa danza con il numero, senza aspettative.

Ripeti questo esercizio ogni giorno con un numero diverso. Ognuno ha un messaggio, un'essenza planetaria che ti offre un modo di guardare il mondo e te stessa da nuove prospettive. Osserva come il numero cambia il tuo stato interiore, come la sua vibrazione si mescola alla tua. È un processo che richiede tempo e pazienza, ma che porta con sé **una nuova consapevolezza**. Attraverso la meditazione, lasci che il numero diventi parte di te, che entri nel tuo mondo interiore, arricchendolo.

Col tempo, noterai che ogni numero comincerà a rivelarti aspetti nascosti di te. Sarà come **una mappa interiore** che si svela un po' alla volta, fatta di luce, di vibrazioni, di conoscenza. Scoprirai come ogni cifra sia una porta, un sentiero da percorrere per raggiungere livelli più profondi della tua anima. E mentre continui questi esercizi, il tuo legame con il mondo dei numeri crescerà, si farà più forte, fino a diventare parte della tua consapevolezza quotidiana.

Ogni cifra ti mostra una via verso un mondo fatto di energie sottili e potenti. Il tuo viaggio con i numeri non è mai un semplice esercizio: è un percorso di risveglio interiore. **Accogli ogni numero come un maestro**, come un alleato che ti accompagna verso una comprensione più vasta di chi sei.

Infine, sii paziente con te stessa. La numerologia caldea non è una scienza esatta: è una via, un sentiero che si snoda dentro e fuori di te. Non si tratta di imparare formule o definizioni, ma di sentire, di percepire ciò che il numero vuole svelarti. È un dialogo silenzioso, una scoperta che cresce giorno dopo giorno.

Il Libro delle Ombre dei Numeri.

Ora è il momento di creare un luogo sacro per custodire i segreti che la numerologia ti svela. **Immagina un libro solo tuo**, una guida silenziosa, un compagno che ti osserva e raccoglie i segni del tuo cammino. Sarà il tuo quaderno dei numeri, un diario che ti accompagnerà ogni volta che sentirai il bisogno di fare chiarezza o di immergerti nella magia dei calcoli numerologici.

Scegli un quaderno speciale, uno che ti ispiri e che sia bello anche solo da tenere tra le mani. Questo non sarà un semplice taccuino: **è il tuo Libro delle Ombre dei Numeri**. Ogni pagina che scriverai avrà un significato, ogni riga diventerà una piccola porta verso il tuo mondo interiore. Non avere fretta, lascia che il tempo ti guidi e che ogni calcolo, ogni nome scritto qui sia una sorta di rito, un gesto di connessione con l'universo delle cifre.

Immagina di iniziare dalle basi: scrivi il tuo nome, poi il tuo cognome, e inizia a calcolarne il valore numerologico. Ogni lettera ha un numero e ogni numero racchiude un potere. Senti le vibrazioni mentre fai i calcoli, percepisci l'energia che si sprigiona dalle cifre. Il tuo nome è più di un insieme di lettere: è una chiave, un'intonazione che risuona e si allinea con il cosmo.

Continua con i nomi delle persone che per te sono importanti. I numeri che emergono ti diranno molto di loro e del legame che avete. Scrivi i loro nomi con cura, annota i calcoli e le sensazioni che ti arrivano. Non pensare ai numeri come a risultati statici, ma come voci che ti parlano di storie passate, di possibili sentieri, di sfide e di armonie. Senti le vibrazioni che risuonano in questi legami, come onde che si sovrappongono o si allontanano. Col tempo, le pagine di questo libro diventeranno una mappa per te, una guida per comprendere i tuoi rapporti, per percepire cosa ti unisce e cosa ti allontana dagli altri.

Anche le date possono rivelare segreti. Ogni momento speciale ha un suo codice numerico: i compleanni, gli anniversari, le date importanti della tua vita o della vita delle persone che ami. Annotali e calcolane il significato numerologico. Senti come ogni data ti parla di un'energia, di un ciclo, di un movimento che cresce e si espande. Potresti scoprire che alcune date si ripetono, che alcuni numeri ritornano come segnali, come piccoli messaggi che l'universo ti invia. Lascia che il tuo libro diventi un rifugio per questi segni. Non ci sono regole rigide: segui l'istinto e permetti a te stessa di esplorare.

Mentre scrivi, lascia che la tua intuizione ti guidi. Ogni numero, ogni calcolo è un passo nella tua ricerca, un tassello che si aggiunge al mosaico. **Non cercare di capire tutto subito**. Il bello della numerologia è il suo mistero, la sua capacità di svelarsi lentamente, un frammento alla volta. Ogni volta che tornerai a leggere ciò che hai annotato, sarai diversa, e i numeri ti sveleranno qualcosa di nuovo.

Questo quaderno sarà il tuo compagno, un luogo in cui annotare anche i pensieri, le intuizioni che sorgono durante le tue meditazioni. Dopo ogni esercizio, prendi qualche istante per scrivere ciò che hai sentito. Se un numero in particolare ti ha parlato, descrivi cosa hai percepito, se hai sentito un'emozione, un ricordo. Lascia che queste parole ti guidino nel tempo. Potrebbe accadere che, rileggendole, un giorno, tu colga un significato che inizialmente non avevi visto.

Questo Libro delle Ombre dei Numeri sarà il tuo amico silenzioso, un custode delle rivelazioni che solo tu hai scoperto. Col tempo, noterai come ogni cifra, ogni nome, ogni data siano una porta verso una parte nascosta di te, e come ogni calcolo ti avvicini alla tua essenza. Questo libro diventerà **uno specchio del tuo viaggio interiore**, un punto di riferimento per comprendere meglio ciò che stai vivendo, le energie che ti circondano e i segnali che l'universo ti manda.

Con il passare dei giorni, ogni volta che ti sentirai confusa o in cerca di risposte, potrai tornare a questo libro, e le pagine ti parleranno. Ti basterà aprirlo e rileggere le parole che hai scritto per ritrovare un significato, una direzione, un senso. Non c'è bisogno di analizzare tutto, né di cercare spiegazioni logiche. I numeri parlano una lingua che si rivela lentamente, che richiede pazienza e ascolto.

Attraverso questo quaderno, stai creando una connessione profonda con le forze che guidano il tuo cammino. Ogni volta che scrivi, ogni volta che aggiungi un nome o una data, stai coltivando un dialogo intimo con il mistero dei numeri. **Questa è la tua mappa, la tua guida**, un sentiero che si svela un po' alla volta, e che diventa più chiaro man mano che lo percorri.

E così, pagina dopo pagina, calcolo dopo calcolo, inizierai a vedere come tutto è connesso. Riconoscerai i pattern, le ripetizioni, i segnali che emergono attraverso le cifre. Questo libro ti aiuterà a tracciare un percorso di consapevolezza, come un filo dorato che ti guida nel labirinto delle tue domande e delle tue risposte.

Alla fine, il tuo Libro delle Ombre dei Numeri sarà un rifugio prezioso, uno spazio in cui il tempo si ferma e le verità si svelano con dolcezza. Non sarà solo un quaderno: diventerà **un'estensione della tua anima**, un luogo che ti accompagna nel tuo viaggio spirituale. Ogni volta che lo aprirai, sentirai di ritornare a casa, al centro di te stessa.

Rituali con erbe e cristalli.

Ora, è il momento di connetterti a ogni numero non solo attraverso il pensiero, ma **attraverso l'energia tangibile** delle erbe e dei cristalli, legati ai pianeti che governano questi numeri. Ogni cifra porta con sé una vibrazione antica e potente, e tu puoi richiamarla qui, ora, attraverso un piccolo rituale.

Inizia scegliendo il numero con cui desideri lavorare. Senti l'energia di quel numero come una presenza viva, un'essenza invisibile che aspetta di rivelarsi. **Ogni numero è legato a un pianeta**, e ogni pianeta ha pietre e piante che ne amplificano l'energia. Se stai lavorando, ad esempio, con il numero sei, sentirai la chiamata di Venere. Prendi il quarzo rosa e qualche petalo di rosa essiccato. **Accendi una candela** e lascia che l'energia del quarzo e il profumo delicato della rosa riempiano la stanza.

Prendi un momento per contemplare la pietra, sentine la superficie fredda sotto le dita, osserva la sua luce morbida. Mentre chiudi gli occhi, immagina il numero sei che brilla davanti a te, avvolto in un'aura di luce e amore. Respira profondamente e lascia che l'energia di Venere ti avvolga, come un manto di tenerezza e pace.

Questo rituale è semplice, ma potente. **Non hai bisogno di oggetti rari o difficili da trovare**: spesso le erbe sono quelle che hai già in cucina o in giardino, e anche un piccolo cristallo può contenere una grande energia, purché sia autentico. La chiave è l'intenzione, la volontà di creare uno spazio sacro e di connetterti profondamente con il numero che hai scelto. Puoi ripetere questo rituale con diversi numeri, scoprendo come ciascuno di essi abbia una voce, una vibrazione unica, che ti parla in modo diverso.

Posiziona la pietra e l'erba dedicate a quel numero di fronte a te e lasciati trasportare. Chiudi gli occhi e immagina il numero brillare, circondato dall'aura della sua essenza planetaria. Ogni numero è un portale verso un mondo nascosto, e mentre ti concentri su di esso, percepisci come si rafforza, come la sua energia entra in risonanza con te, come diventa parte di te.

Resta aperta a ciò che percepisci. Magari sentirai una sensazione nel corpo, o un'intuizione improvvisa. Potrebbe apparirti un'immagine nella mente, o un'emozione inaspettata. **Questo è il linguaggio sottile dei numeri e dei pianeti**, un linguaggio che non si parla con le parole ma con le vibrazioni, con i simboli, con i piccoli segnali che solo il cuore può decifrare. Ogni esercizio, ogni rituale che pratichi è un passo verso una consapevolezza più profonda, un modo per radicare in te il legame con i numeri. Ogni volta che ti siedi a contemplare una cifra, senti come la numerologia si fa parte di te, come diventa un modo per vedere il mondo e per comprendere anche le tue esperienze più intime. È un viaggio che richiede pazienza, ma che porta con sé **una grande saggezza**, una conoscenza antica che ti accompagna lungo il cammino.

Ecco una semplice tabella di associazioni, per aiutarti a scegliere la pietra e l'erba giuste per ogni numero:

Numero	Pianeta	Cristallo	Erba
1	Sole	Occhio di tigre	Alloro
2	Luna	Pietra di luna	Camomilla
3	Giove	Ametista	Salvia
4	Urano	Acquamarina	Rosmarino
5	Mercurio	Quarzo verde	Lavanda
6	Venere	Quarzo rosa	Rosa
7	Nettuno	Ametista	Gelsomino
8	Saturno	Onice	Mirra
9	Marte	Corniola	Timo

Usa questa tabella come guida, ma lasciati ispirare dal tuo intuito. Senti quale pietra o erba ti chiama in modo particolare, quale vibrazione entra in risonanza con la tua energia in questo momento. Non esistono regole rigide: questi sono strumenti, portali che ti aiutano a entrare in contatto con il mondo invisibile dei numeri.

Ogni volta che esegui un rituale, ricordati di lasciare andare ogni fretta, di dare tempo al tempo. Ogni numero ha la sua saggezza da rivelare, e a volte ci vuole pazienza. Anche solo accendere una candela e contemplare la fiamma, con il cristallo tra le mani e l'erba che profuma l'aria, è già un modo per aprire un dialogo con l'universo. **Il mistero dei numeri non si svela tutto in una volta**: è un cammino, un viaggio che ti trasforma, che ti avvicina alla tua vera essenza.

Lasciati guidare dal piacere di scoprire ogni numero come fosse un incontro, un dialogo intimo con l'energia del cosmo. Col tempo, sentirai che la numerologia diventa una seconda pelle, un modo per osservare non solo il mondo esterno, ma anche il tuo mondo interiore. Ogni numero è come una stella che brilla nella tua costellazione personale, e tu stai imparando a conoscerne la posizione, l'influenza, il significato.

Infine, tieni questo rituale come un piccolo rifugio a cui tornare ogni volta che senti il bisogno di una guida, di un segno, di un consiglio. E quando sarai pronta a svelare nuovi misteri, tieniti in contatto con il **Templum Dianae**. Con le prossime pubblicazioni, continueremo a esplorare insieme i segreti della numerologia caldea e delle arti esoteriche, aprendo porte nuove nel viaggio verso la conoscenza e la scoperta di te stessa.

CONCLUSIONE

Siamo giunti al termine di questo viaggio, ma il sentiero della numerologia caldea è molto più vasto di quanto tu possa immaginare. Ogni pagina di questo libro ti ha portato un po' più vicina alla saggezza antica, a quelle chiavi segrete che risiedono nel cuore di ogni numero, pronte a rivelarsi solo a chi ha la pazienza di cercare. Ma sappi, cara anima in cammino, che **una sola lettura non è sufficiente**. La numerologia caldea è come un labirinto di specchi: ogni volta che torni su questi concetti, scopri riflessi nuovi, prospettive diverse, livelli più profondi di comprensione. Questo libro non è un manuale da sfogliare e riporre; è un'opera viva, che evolve con te.

Prenditi il tempo di immergerti ancora e ancora nelle sue parole. **Ogni rilettura è un passo più profondo** nella tua connessione con i numeri e con il tuo subconscio. La ripetizione, in questo viaggio, non è solo studio, ma un modo per aprire porte nascoste. Sappi che i numeri e le loro vibrazioni esoteriche hanno la capacità di influire su di te anche in modo sottile, agendo al livello dell'anima e accendendo intuizioni, spunti, ricordi che emergono dal profondo. **Rileggi questo testo almeno cinque volte.** Sì, hai capito bene: cinque volte. Solo in questo modo le chiavi occulte potranno attivarsi, risvegliando quelle conoscenze latenti che sono già dentro di te. Non sei qui per accumulare conoscenza, ma per risvegliare ciò che già sai. Il potere della numerologia caldea va oltre la mente razionale; entra nel dominio del mistero, nella sfera delle percezioni e delle intuizioni che parlano al tuo subconscio. Ogni numero porta con sé un messaggio segreto, e ogni parola che hai letto è una scintilla che, ripetuta nel tempo, risveglia il tuo potere interiore.

Ogni volta che rileggi, un nuovo strato si rivela. Le parole sembreranno cambiare, i concetti a prendere una forma diversa, come se **la numerologia caldea avesse una propria coscienza**, pronta a darti risposte solo quando sei davvero pronta a riceverle. Non avere fretta, non cercare di capire tutto e subito. Lascia che la magia della ripetizione lavori per te, permettendo a ogni simbolo, a ogni calcolo, di scavare in profondità e di toccare corde che neanche sapevi di avere. Immagina questo processo come un rituale. Ogni rilettura è una piccola iniziazione, un richiamo che l'universo ti manda per ricordarti chi sei, per mostrarti nuove sfumature del tuo percorso. Non leggere solo con la mente, ma con il cuore, con il tuo intuito. Senti come ogni parola ti avvolge, come un manto sottile che si adatta alla tua pelle, risvegliando conoscenze antiche. E mentre rileggi, sentirai che il libro stesso ti parla, che ogni frase porta con sé un eco, un'energia che si amplifica. Ma non fermarti qui. Questo è solo l'inizio di un cammino. **Templum Dianae continuerà a esplorare i segreti della numerologia caldea** e delle arti esoteriche, aprendo porte a conoscenze più profonde, a misteri ancora inesplorati. Ogni pubblicazione sarà un nuovo frammento di questo viaggio, un altro passo nella tua scoperta della verità che risiede nell'universo dei numeri. Ti invitiamo a seguirci, a lasciarti guidare in questa esplorazione senza fine. Ciascun testo sarà una nuova chiave, un nuovo modo di comprendere e di approfondire la tua connessione con il sapere occulto.

Considera questo libro come una mappa, ma una mappa che si arricchisce e si trasforma ogni volta che ci torni. **Ogni lettura crea un'onda che attiva il tuo subconscio**. È un percorso fatto di cicli, e ogni ciclo ti avvicina alla tua essenza, a quella parte di te che ha sempre saputo cosa significano davvero i numeri, le vibrazioni, i simboli. La numerologia caldea non è una scienza esatta, ma un'arte antica, una danza sottile tra te e il mondo invisibile. E questo richiede tempo, dedizione, apertura.

Rileggere il manuale significa non solo comprendere meglio, ma **permettere alle sue parole di diventare parte di te**. Più pratichi, più senti che questa conoscenza si intreccia alla tua vita, che si radica nel profondo. Ogni pagina diventa un riflesso del tuo cammino, ogni numero una guida silenziosa, una lanterna che illumina i tuoi passi. E col tempo, senza quasi accorgertene, sentirai la numerologia caldea scorrere dentro di te come un fiume, fluida e naturale, senza bisogno di sforzo.

Questa non è una conclusione, cara anima. È solo un punto di passaggio, un richiamo a continuare, a immergerti ancora e ancora, come un'esploratrice alla scoperta di nuovi mondi. Sii curiosa, sii paziente. I segreti si svelano a chi sa ascoltare, a chi sa aspettare. Non hai bisogno di altro se non di fiducia. **Ogni volta che rileggi, attivi una nuova parte di te**, come una luce che si accende a poco a poco. Non c'è nulla di definitivo in questo viaggio: la vera magia si nasconde nell'andare avanti, nella scoperta che non finisce mai. Quindi, quando senti il richiamo, torna a queste pagine. Lascia che le parole lavorino su di te, che ti accompagnino ancora una volta attraverso i simboli, le vibrazioni, le energie. Con ogni rilettura, scoprirai nuove profondità e, senza sforzo, la numerologia caldea diventerà una guida fedele, una chiave per leggere non solo il mondo che ti circonda, ma anche il mondo dentro di te.

Quando sarai pronta per nuovi misteri, ricordati che il Templum Dianae sarà lì per accompagnarti. C'è ancora tanto da esplorare, e noi ti guideremo lungo i sentieri meno battuti, verso **le risposte che cerchi**. Siamo qui, in questo viaggio insieme, e il futuro riserva ancora molti segreti.

GLOSSARIO DEI TERMINI

- **Numerologia**: Studio del significato esoterico dei numeri e del loro impatto sugli eventi umani.
- **Cifra**: Un singolo numero.
- **Numero del Destino**: Numero derivato dalla data di nascita che indica le principali sfide e lezioni di vita.
- **Numero Anima**: Numero che rappresenta i desideri interiori e le motivazioni di una persona.
- **Numero di Espressione**: Numero che descrive le potenzialità e i talenti naturali.
- **Numero di Nascita**: Numero diretto del giorno di nascita che ha proprie influenze.
- **Percorso di Vita**: Numero calcolato dalla data di nascita che mostra la direzione principale della vita di una persona.
- **Anno Personale**: Numero che indica le tendenze e le prospettive per un anno specifico.
- **Mese Personale**: Numero che descrive le energie per un mese particolare.
- **Giorno Personale**: Numero che influisce sulle attività quotidiane.
- **Numeri Maestri**: Numeri composti da cifre duplicate (come 11, 22, 33) che portano un potenziale maggiore.
- **Kabbalah Numerologica**: Applicazione della numerologia basata sui principi cabalistici.
- **Chaldean Numerology**: Sistema numerologico che assegna valori numerici alle lettere basandosi sulla loro vibrazione.

- **Pitagorica Numerologia**: Sistema che assegna valori numerici alle lettere basandosi sulla loro posizione nell'alfabeto.
- **Numero Radice**: Il numero base di un numero dopo che è stato ridotto (sommando le cifre fino a ottenere un singolo numero).
- **Numero Ciclico**: Numero che indica periodi di tempo che si ripetono nella vita di una persona.
- **Tavola Pitagorica**: Tavola usata per convertire le lettere in numeri in numerologia pitagorica.
- **Arco di Trasformazione**: Intervallo di anni in cui una persona sperimenta cambiamenti significativi.
- **Numeri Karmici**: Numeri che indicano lezioni karmiche da apprendere in questa vita.
- **Numeri d'Angelo**: Sequenze numeriche che si ritiene siano messaggi dagli angeli.
- **Sinergia Numerica**: L'interazione energetica tra diversi numeri.
- **Numeri di Sfida**: Numeri che rappresentano ostacoli personali da superare.
- **Numeri di Opportunità**: Numeri che indicano potenziali momenti di fortuna o successo.
- **Numeri Repetitivi**: Sequenze di numeri che appaiono ripetutamente nella vita di una persona.
- **Matrice Numerologica**: Schema completo dei numeri di una persona derivato dalla sua data di nascita e nome completo.
- **Astro-Numerologia**: L'integrazione della numerologia con l'astrologia.
- **Numeri Solari**: Numeri associati al Sole che influenzano la personalità esteriore.

- **Numeri Lunari**: Numeri legati alla Luna che influenzano le emozioni e l'intuizione.
- **Numeri di Realtà**: Numeri che rappresentano la percezione esterna di una persona.
- **Quadro di Armonizzazione**: Una configurazione numerica che mostra come bilanciare le energie personali.
- **Numeri Dinamici**: Numeri che indicano movimento e cambiamento nella vita di una persona.
- **Numeri Statici**: Numeri che indicano stabilità e persistenza.
- **Numeri di Bilanciamento**: Numeri che aiutano a equilibrare altre energie numeriche.
- **Analisi Transitoria**: Studio dei numeri che influenzano una persona in un periodo specifico.
- **Numeri Evolutivi**: Numeri che rappresentano la crescita e lo sviluppo personale attraverso la vita.
- **Numero di Compatibilità**: Numero che indica la compatibilità numerologica tra due persone.
- **Numero di Conflitto**: Numero che indica potenziali sfide nelle relazioni.
- **Numero di Sintesi**: Numero che rappresenta l'integrazione di diverse energie.
- **Numero di Potenziale**: Numero che indica le possibilità future.
- **Numero di Resonanza**: Numero che risuona più fortemente con una persona o situazione.
- **Codice Numerico**: Un insieme specifico di numeri che hanno un significato particolare per una persona.
- **Numero di Attivazione**: Numero che attiva o innesca specifici eventi o energie.

- **Numeri Sottili**: Numeri che influenzano in modi meno ovvi o diretti.
- **Numeri di Crescita**: Numeri che indicano aree di potenziale espansione.
- **Numero di Risonanza**: Numero che ha una particolare risonanza o importanza.
- **Numeri di Transizione**: Numeri che segnalano cambiamenti o passaggi.
- **Numeri Elementali**: Numeri associati agli elementi classici (terra, aria, fuoco, acqua).
- **Numeri di Fondazione**: Numeri che formano la base di una personalità o situazione.
- **Numeri di Culminazione**: Numeri che rappresentano il raggiungimento di un obiettivo o di una comprensione.
- **Numeri Universali**: Numeri che hanno un significato generale e applicabile globalmente.
- **Numeri Personali**: Numeri che hanno un significato specifico per l'individuo.
- **Numeri di Svolta**: Numeri che indicano momenti di grande cambiamento o decisione.
- **Numeri Mistici**: Numeri che portano con sé un significato profondamente spirituale o misterioso.
- **Numero di Equilibrio**: Numero che aiuta a mantenere o ripristinare l'equilibrio energetico.
- **Numeri di Energia**: Numeri che rappresentano diverse forme di energia nella vita di una persona.
- **Numero di Rivelazione**: Numero che rivela informazioni nascoste o non manifeste.
- **Numeri di Intensità**: Numeri che intensificano le energie o le esperienze.
- **Numero di Riconciliazione**: Numero

che aiuta a risolvere i conflitti o le differenze.

- **Numeri di Ascensione**: Numeri che rappresentano elevazione spirituale o sviluppo.
- **Numero di Inizio**: Numero che segnala l'inizio di un nuovo ciclo o fase.
- **Numero di Chiusura**: Numero che indica la conclusione o il completamento.
- **Numeri di Fissazione**: Numeri che stabilizzano una situazione o una condizione.
- **Numeri di Sfida Maggiore**: Numeri che rappresentano sfide significative che devono essere affrontate.
- **Numeri di Sostegno**: Numeri che offrono supporto o assistenza.
- **Numeri di Protezione**: Numeri che forniscono protezione o difesa.
- **Numeri di Liberazione**: Numeri che facilitano la liberazione da vincoli o restrizioni.
- **Numeri di Restaurazione**: Numeri che aiutano a ripristinare condizioni o situazioni.
- **Numeri di Trasformazione**: Numeri che indicano o facilitano un cambiamento profondo.
- **Numeri di Purificazione**: Numeri che aiutano a chiarire o purificare situazioni.
- **Numeri di Illuminazione**: Numeri che portano chiarezza, comprensione o illuminazione.
- **Numeri di Manifestazione**: Numeri che aiutano a manifestare desideri o intenzioni.
- **Numeri di Rafforzamento**: Numeri che aumentano la forza o la resistenza

UN ALTRO LIBRO DI TEMPLUM DIANAE PER TE

https://www.amazon.it/Fiamme-Gemelle-Definitivo-Guarigione-dAttrazione/dp/B0DHCM4CNH

Un altro libro di
Templum Dianae per te

il libro delle testimonianze

cosa dicono le lettrici dei Libri di Templum Dianae.
(in tutte le lingue)

Marruskaa

★★★★★ **Bella scoperta**

Recensito in Italia il 12 agosto 2024

Il testo è scritto in modo chiaro e scorrevole, perfetto per principianti! Quando mi sono avvicinata a questo tipo di mondo all'inizio non avevo ben capito cosa fossero e a cosa servissero. Tuttavia, il loro fascino mi ha spinto a continuare cercare di capire, finché non ho trovato questo libro. Ora tengo questo tomo sempre sul mio comodino e non posso più farne a meno! Davvero consigliato!

Jamie L.

★★★★★ **Learn about powerful archetypes and how to use them for yourself!**

Reviewed in the United States on October 12, 2024

Verified Purchase

This book gives a comprehensive overview of dark goddesses from different times and regions--Egyptian, Slavic, Roman, Greek, etc.

It gives enough information about each that you can feel into which one speaks to you at different times in your life.

I've often heard people talk about "working with" goddesses or goddess energies and I had no idea what that meant or how to do it! This book provides different ways to do this--like specific rituals or practices (and there's even a guided meditation with a link to an MP3 file included!) so you can not only learn about the goddesses but also start to incorporate different practices to begin working with them for your own personal transformation.

Rose Anderson

★★★★★ **Beautifully written and immensely powerful**

Reviewed in the United States on October 8, 2024

Verified Purchase

What a wonderful gift for any modern-day witch or pagan—and everyone else, too.

The first part of "Wicca Lunar Calendar—2025" offers insight for living in these times, self-care, and even wisdom of the cosmos—for a start. It then goes through every month of 2025 in almanac style, with the cycles of the moon, the holidays, and more. There's also a glossary at the end.

It's beautifully written and immensely powerful.

 dorawatson96

nützlich für diejenigen, die sich Wicca nähern

Bewertet in Deutschland am 1. Oktober 2024

Ich habe mich dieser Welt im letzten Jahr genähert und habe diesen Kalender in meiner Bibliothek. Ich finde ihn sehr nützlich als Unterstützung auf diesem Weg, den ich eingeschlagen habe

 Narnya

Sehr interessant

Bewertet in Deutschland am 12. Oktober 2024

Verifizierter Kauf

Endlich eine gute Beschreibung über Samhain. Zur Erinnerung.
Ich werde das Buch weiter meinen Kindern auch empfehlen.
Vielle Dank ☆

 Geneviève

Très intéressant

Avis laissé au Canada le 1 mars 2024

Achat vérifié

Grand calendrier lunaire, très complet et beaucoup d'explications intéressantes. Parfait pour associer au livre de wicca magie blanche.

 Steven H.

Una Guía Completa de la Numerología Antigua y los Números Angelicales

Reviewed in the United States on August 1, 2024

"La Numerologia degli Antichi - Numerologia Caldea e Numeri Angelici" es una compilación excepcional para cualquiera fascinado por el mundo místico de los números. Este paquete 3 en 1 cubre los detalles intrincados de la numerología, el significado de los números angelicales y los sistemas de numerología antigua, ofreciendo una exploración completa y atractiva de estos temas.

El autor proporciona tablas, cálculos y explicaciones claras y detalladas, haciendo que los conceptos complejos sean accesibles tanto para principiantes como para entusiastas experimentados de la numerología. Cada sección está bien estructurada, permitiendo a los lectores seguir fácilmente y aplicar el conocimiento a sus propias vidas.

 Ana J

La Influencia de la Luna

Reseñado en Estados Unidos el 8 de septiembre de 2024

Compra verificada

Este libro trata de las fases de la luna a la vida moderna, cubriendo todo, desde las rutinas de belleza hasta la jardinería. Al crecer, a menudo escuchaba a los mayores hablar sobre cómo la luna influía en la agricultura y los animales, y este libro refleja esas tradiciones. Las secciones de las fases lunares ofrecen informacion sobre cómo aprovechar la energía lunar para tener resultados óptimos en la jardinería y de belleza. Es una guia interesante para quienes buscan alinear muchas de sus rutinas con la naturaleza.

Un altro libro di
Templum Dianae per te

Sarah Barry

Practical exercises

Reviewed in the United States on September 30, 2024

Verified Purchase

"Twin Flames: Love Yourself and Manifest Ultimate Love" provides practical exercises for healing emotional blocks and attracting love through the Law of Attraction. Worth reading for those seeking self-love and deeper connections.

Daphne H

Muy bueno!

Reseñado en Australia el 15 de septiembre de 2024

Compra verificada

Cuidar el jardín a través de los movimientos de la luna es una idea genial, ya que en la naturaleza todo está conectado y sin duda los ciclos lunares pueden influir tanto positiva como negativamente. El libro incluye un montón de tips de los cuáles tomé nota.

Regina Stone

Always been curious...

Recensito negli Stati Uniti il 28 settembre 2024

Acquisto verificato

I'll be honest: I'm not sure I am the intended audience for this book.

I've never been a firm believer in astrology, but my lifelong curiosity drew me to "Moon Calendar 2025."
It was a fascinating read overall, very interesting even if not 100% convincing to my cynical nature.

I would have given it 5 stars but I did find the book a little too sophisticated a launching point for readers new to astrology. However, if this is not an introduction for you - and you are a believer - then I think you will find value in these pages.

contenuti inclusi

Congratulazioni per aver ricevuto questo libro!
Se vuoi attrarre e manifestare più Amore e Abbondanza e scoprire argomenti e spiritualità, unisciti alla comunità di Templum Dianae e ricevi gli MP3 di meditazione guidata per risvegliare il tuo sé interiore.

Questa meditazione guidata è pensata per manifestare il vostro sogno interiore nella vita quotidiana.

Seguire questo link
templumdianae.com/bookmp3/

Un altro libro di
Templum Dianae per te

Riferimenti bibliografici
e letture consigliate

- **Numerologia Esoterica Evolutiva** - Templum Dianae Media - 2023
- **I numeri degli Angeli** - Templum Dianae Media - 2023

www.ingramcontent.com/pod-product-compliance
Lightning Source LLC
LaVergne TN
LVHW091057150826
845673LV00002B/613

* 9 7 9 8 2 3 0 0 9 9 6 1 1 *